De la revolución al éxodo político: Paolo Virno frente al leninismo

Guillermo Martínez Cazón

Master's Thesis

[September 2022]

Universidad de Grana

Supervisor: Óscar Barroso Fernández

Faber & Sapiens

De la revolución al éxodo político: Paolo Virno frente al leninismo

Guillermo Martínez Cazón

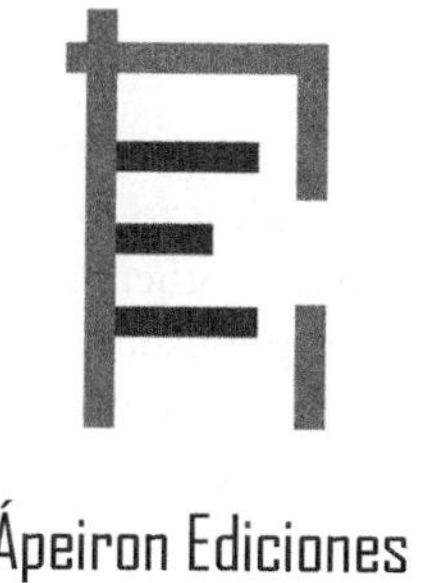

Ápeiron Ediciones

First Edition by Faber & Sapiens,
an imprint of Ápeiron Ediciones,
in 2025

C/ Príncipe de Vergara, n.º 132, planta 9
28002 Madrid
Tfno. (+34) 611 00 28 41
E-mail: info@faberandsapiens.com
http: www.faberandsapiens.com

Design and layout: Ápeiron Ediciones

ISBN: 979-13-991032-8-1
DL: M-25231-2025

Contents

1. Introducción

1.1. Objetivos

El presente trabajo de fin de máster, que lleva por título *De la revolución al éxodo político: Paolo Virno frente al leninismo*, tiene como objetivo principal comparar el proyecto político de Vladímir Ilich Úlianov, en adelante Lenin, la revolución, con el proyecto político de Paolo Virno, el éxodo.

Los objetivos secundarios del presente trabajo son los siguientes:

1-Exponer por separado el proyecto político de Virno y de Lenin. Para ello, se atenderá al contexto que analizan, al sujeto político que proponen, a su estrategia política y a su modelo social.

2-Conectar, por separado, los diferentes elementos que conforman cada una de las teorías políticas. Pues, como quedara patente en el desarrollo del trabajo, los proyectos trabajados articulan en conjunto cada una de sus partes, no pudiéndose entender unas sin otras.

3-Señalar las principales diferencias que ambos proyectos tienen entre sí. Esto nos permitirá conocer sus diferencias en cuanto al tipo de trabajo que define al sistema, la posibilidad de unificar un sujeto político, cuál es la estrategia frente al Estado y la representación política, entre muchos otros aspectos.

4-Indicar las semejanzas principales entre ambos proyectos. Como se verá a lo largo del trabajo, estas semejanzas estarán en minoría frente a las diferencias, y serán más de temáticas y puntos de partida que de tratamiento y propuestas.

1.2. Estado de la cuestión

Plantear un estado de la cuestión sobre la temática del presente trabajo es una empresa que exige empezar por un estado de la cuestión sobre cada uno de los autores, ya que su puesta en común es algo apenas trabajado.

Esta tarea es en gran medida dispar, pues el impacto intelectual de Lenin no es comparable con el de Virno, más allá de juicios de calidad, no debemos olvidar que al primer autor lo envuelven circunstancias históricas que le confieren un interés extraacadémico, por no mencionar que sus obras sacan más de cien años de ventaja a Virno. Teniendo esto presente, ocurre que el estado de la cuestión sobre la obra de Lenin es tan extenso y variado que en las presentes líneas se va a presentar una síntesis de lo que se ha juzgado de mayor interés.

Lenin nace en 1870 y muere en 1924, dejando tras de sí una carrera política más que conocida, pero, además, toda una obra teórica que aborda desde cuestiones organizativas, pasando por sociológicas, hasta puramente filosóficas. El interés del presente trabajo está en Lenin como autor teórico, y no en el personaje político, aunque en ocasiones ambas dimensiones tiendan a entremezclarse.

Aunque son muchos otros los libros y textos que escribió, entre sus obras cabe destacar *¿Qué hacer? (1902)*, un texto clave sobre la organización del partido y sus tareas; *Materialismo y empirocriticismo* (1909), donde aborda diversas polémicas ontológicas y epistemológicas a través de las que se pone de relieve la aplicación del materialismo dialectico de Lenin en diversas cuestiones filosóficas y científicas; *Imperialismo, fase superior del capitalismo (1916),* sobre su concepción económica de la tendencia del capitalismo internacional y, por último, *El Estado y la revolución* (1917), obra donde expone su teoría del Estado.

Ya en vida, Lenin fue objeto de análisis, aunque generalmente desde una perspectiva política, atendiendo a polémicas sobre sus posturas políticas, y posteriormente, también al desarrollo de la revolución rusa. Ya muerto nuestro autor, encontramos una obra que destaca por su tratamiento filosófico: *Lenin filósofo: Consideración crítica de los fundamentos filosóficos del leninismo* (1938) del marxista Anton Pannekoek. En estos mismos años, en la propia rusia soviética, la interpretación de Stalin acerca de la obra de Lenin se vuelve hegemonía, la cual fue plasmada en textos como *Los fundamentos del leninismo* (1924), que inauguraron el enfoque que pasaría a autodenominarse Marxista-leninista, a veces llamado desde fuera como marxismo soviético, oficial o escolástico.

Ahora bien, el primer tratamiento puramente académico de Lenin como autor lo encontramos en la propia academia soviética, teniendo como primer gran exponente el *Diccionario filosófico* firmado en 1939 por los académicos marxistas Mark Moisevich Rosental y Pavel Fedorovich Iudin. Posteriormente, con la desestalinización, se abre un nuevo horizonte de enfoques que irá evolucionando según los momentos históricos. En cualquier caso, fue en la academia soviética, no exenta de sesgos ideológicos, donde mayor atención intelectual se ha prestado a la obra de Lenin.

Ahora bien, fuera de la URSS existieron por igual los estudios acerca de Lenin. Por ejemplo, en el Estado español podemos mencionar a Manuel Sacristán, quien destacó por su introducción del marxismo heterodoxo en España, pero que también aborda a nuestro autor en textos como *Lenin y la filosofía* (1983). También otros intelectuales de la talla de Herbert Marcuse tratan el enfoque leninista del Estado, que tanta importancia tiene en el presente trabajo de fin de máster. Cabe destacar su obra *El marxismo soviético* (1958), la cual está demasiado centrada, sin embargo, en la aplicación del marxismo-leninismo en la URSS, y no exclusivamente en la teoría de Lenin.

Posteriormente, Leszek Kołakowski también prestará atención a Lenin como postura particular dentro del socialismo científico en su conocida obra *Las principales corrientes del marxismo* (1983), aunque de nuevo, con mucho peso de la historia junto a la teoría como tal. Por último, podemos mencionar ya en el siglo XXI la obra *Lenin reactivado* (2001), en la que se abordan diversas temáticas sobre la actualidad de la filosofía política de Lenin, y en la que participan importantes intelectuales como Slavoj Žižek, Terry Eagleton y Antonio Negri, entre muchos otros.

Abordando ahora la biografía de Paolo Virno, este nace en Nápoles en 1952, y en su juventud se vio implicado en diferentes movimientos políticos relacionados con lo que se conocerá como operaismo italiano o autonomismo italiano. Esto le llevó incluso a la condena a prisión al ser vinculado falsamente al grupo terrorista Brigadas Rojas. En este sentido comparte con Lenin una experiencia militante y no solo teórica. En 1977 presenta su tesis doctoral sobre Theodor Adorno y su noción de trabajo y teoría de la conciencia. Actualmente es profesor en la Universidad de Roma III.

La experiencia política e intelectual de Virno es compartida por otra serie de autores italianos, a los que podemos denominar postoperaistas. D. Gentili estudió a estos autores en su obra *Italian theory: dall'operaismo alla biopolitica. il Mulino* (2012), aunque en este texto no se concede una atención pormenorizada a la figura de Virno. Su impacto ha sido mucho más lento que el de otros autores como Antonio Negri, con el que tiene muchas similitudes teóricas y biográficas, y que ha tenido mayor impacto académico fuera de Italia. Sin embargo, esto poco a poco va cambiando. En 2014 Antonio Gómez Villar presentó su tesis doctoral *Hacia una conceptualización filosófica del postfordismo y la precariedad: Elementos de teoría y método (post)operaista,* en la cual ya se concede una atención e importancia específica a Paolo Virno en tanto que exponente del postoperaismo, junto a otros autores que también abordan el trabajo inmaterial y la multitud, entre otras cuestiones comunes. A otro nivel, podemos detectar un progresivo aumento de los artículos académicos en lengua castellana que abordan la tradición postoperaista. confiriendo a Virno un papel de relevancia, o incluso tratándolo como autor principal. Por ejemplo, en textos como *Paolo Virno lector de Marx: General Intellect, biopolítica y éxodo* (2014) de Antonio Gómez Villar, o el recientemente publicado *Más allá del pueblo y de la clase obrera industrial. La teoría política de la multitud de Paolo Virno* (2021) de Andrea Fagioli.

Ahora bien, la puesta en común de Virno y el leninismo es algo que no ha sido casi abordado. Sí que hay artículos que tratan a Virno en vinculación a algunas nociones marxistas, como, por ejemplo, Andrea-Torrano en *Del individuo social al sujeto anfibio, una lectura marxiana de Paolo Virno.* (2008), o José María Durán con *Sobre la lectura que en "Gramática de la multitud" Paolo Virno hace de la distinción entre trabajo productivo e improductivo en Marx.* (2009). En estos trabajos se pone el acento en cuestiones analíticas y no tanto en el proyecto político como tal.

Lo más parecido que encontramos al objeto del presente trabajo son algunos trabajos que ponen en común el postoperaismo y el leninismo, aunque sin centrarse en Virno. Es el caso de textos del propio Antonio Negri, como por ejemplo *La fábrica de la estrategia: 33 lecciones sobre Lenin* (2004), donde trata la estrategia leninista. A este respecto, encontramos también una reciente tesis doctoral sobre Negri y el leninismo: *El pensamiento político de Antonio Negri: ¿Renovación marxista o renegación ecléctica?* (2017) de Eduardo Manuel Molina.

De este modo, el postoperaismo es un tema vivo en la academia, y entre sus líneas de investigación está la de confrontarlo con el leninismo, aunque hacerlo desde Virno es una investigación apenas sin empezar.

1.3. Metodología

El presente trabajo tiene como objetivo la comparación de dos proyectos. En primer lugar, hay que matizar que estos proyectos han sido analizados de forma integral, es decir, atendiendo al contexto para el que se plantean, los sujetos políticos que deben llevarlos a cabo, la estrategia que deben seguir, y los objetivos sociales que persiguen. Todo ello ha quedado reflejado en los diferentes capítulos que abordan cada una de estas cuestiones.

Por otro lado, se utiliza la noción de *leninismo*, ya que el pensamiento de nuestro autor le trasciende, tanto por tener su autoría en una amplia tradición teórico-práctica de marxistas, como por haberse desarrollado enormemente gracias a discípulos adscritos a su pensamiento. De este modo, leninismo se ha considerado un concepto más completo. Se hará referencia a Lenin cuando sean ideas especialmente originales y localizables explícitamente en su obra, y al leninismo cuando se hable de la síntesis de influencias de Lenin, de Lenin mismo y de sus lecturas posteriores.

Aclarado lo anterior, es relevante explicar que la metodología del presente trabajo ha consistido en una selección bibliográfica que permitiese comprender el contenido y el sentido del pensamiento de nuestros dos autores en relación a los proyectos de la revolución y el éxodo.

En primer lugar, para abordar la obra de Lenin se ha prestado especial atención a los aspectos teóricos de sus obras, es decir, se ha intentado separar las afirmaciones que responden a eventos parciales y circunstanciales, de las afirmaciones más generales. Esto es, aquellas que constituyen una teoría política.

En segundo lugar, se han usado como fuentes principales aquellas obras que hacían referencias directas a las temáticas del trabajo (capitalismo, imperialismo, sujeto revolucionario, revolución, sociedad comunista). Estas obras son el *Imperialismo fase superior del capitalismo,* para abordar el contexto internacional que plantea Lenin, *¿Qué hacer?* donde plantea cuestiones organizativas, *El Estado y la revolución*, donde plantea de forma muy completa su visión de la revolución y la teoría de la extinción del Estado. Junto a estas obras se han utilizado diversos artículos y textos.

En tercer lugar, se han tenido en cuenta obras que, aunque no estaban directamente relacionadas con las temáticas del trabajo, son de interés para estudiar y contextualizar intelectualmente al autor, como *En torno a la cuestión de la dialéctica* (1915).

En cuarto lugar, se han utilizado obras de Marx y Engels para reforzar a Lenin, quien hace un esfuerzo explícito por ser coherente con la tradición marxista anterior, y es precisamente junto a ella donde su obra cobra verdadero significado. Por ello, se han utilizado obras como *El manifiesto comunista* (1848), que incluye ideas importantes sobre las tareas revolucionarias del proletariado y la historia, El *Antidühring* (1878), donde se plantea de forma casi total el marxismo en sus diversas dimensiones políticas, económicas y filosóficas, o *El origen de la familia, la propiedad privada y el Estado* (1884), donde Engels plantea tesis claves para Lenin a la hora de entender el Estado.

En quinto lugar, Lenin cuenta con una extensa tradición que se autoproclama seguidora de sus ideas. Se ha decidido utilizar principalmente el Diccionario filosófico de la URSS, especialmente en su versión al español de 1965, elaborada tras la desestalinización. Se ha considerado que su contenido era bastante fiel a la obra de Lenin, y su desarrollo y análisis pormenorizado de conceptos la convierte en un estudio irrenunciable a la hora de trabajar a Lenin con bibliografía secundaria. Junto a esta obra, debemos destacar *Los conceptos elementales del materialismo histórico (1969)* de Marta Harnecker, ya que, si el diccionario desgrana el leninismo por conceptos, ella lo aborda como un todo, intentando generar una exposición coherente de toda la filosofía política de Lenin, lo cual la convierte en una obra muy apropiada para este trabajo.

En sexto lugar, se ha usado todo tipo de bibliografía académica, como artículos, así como algunas obras entre las que podemos destacar la ya mencionada *Lenin reactivado.* Estos textos han supuesto un contrapunto frente a los manuales adscritos a la tradición leninista.

Pasando a nuestro otro autor, para tratar el proyecto de Paolo Virno también se ha partido en primer lugar de su obra. Tanto *Virtuosismo y revolución* (1996), como *Gramática de la multitud* (2001) han sido pilares fundamentales. La primera centrada en aspectos más prácticos, estratégicos y programáticos, y la segunda más centrada en el análisis del contexto y el fondo filosófico de las concepciones políticas de Virno. Junto a estas obras, muy de cerca les han seguido otras como *Cuando el verbo se hace carne. Lenguaje y naturaleza humana* (2003), reforzando las concepciones sociológicas de Virno y *Ambivalencia de la multitud. Entre la innovación y la negatividad* (2006), apuntalando aspectos políticos.

Además, han sido trabajadas entrevistas a Virno, lo cual ha permitido resolver ciertas incógnitas, ya que se trata de un autor contemporáneo sin demasiados estudios que consultar para comprender su obra. También hay otras obras como *Palabras con palabras. Poderes y límites del lenguaje* (1995), que son necesarias para el estudio y comprensión del autor, pero no imprescindibles para la elaboración directa del presente trabajo, ya que abordan cuestiones fuera de la temática central del presente trabajo.

Marx también es una fuente de interés para trabajar a Virno, especialmente si se desea poner en común con Lenin. Muchas nociones como "*General Intellect*" e incluso ideas en torno al éxodo vienen de Marx y obras como *El Capital* (1867) o los *Grundriesse* (1939).

A mayores, se han utilizado, por supuesto, diversas fuentes de bibliografía académica, seleccionadas entre los escasos estudios académicos que hay sobre Virno, con diversas autorías como Andrea Fagioli, Andrea Torrano o José Manuel Durán entre otros. Estas fuentes son de especial interés a la hora de contrastar lecturas propias con las de otros intérpretes.

Por último, el presente trabajo se centra en el concepto de "éxodo" a través de la obra de Paolo Virno, pero, además, ha sido comparado y enriquecido con la noción de "éxodo" de Antonio Negri y Michael Hardt.

Estos autores, aun con sus particularidades, pueden ser englobados junto con Virno dentro del llamado postoperaísmo. De hecho, Negri y Virno son dos autores con muchos paralelismos intelectuales y biográficos: ambos fueron partícipes intelectuales y políticos del llamado autonomismo italiano u operaísmo; ambos pasaron por prisión fruto de dichas experiencias; ambos reflexionan en torno a la multitud, el trabajo inmaterial y el éxodo; y ambos han dejado muy atrás a Marx, pero en cierto modo, sin dejar de presentarse como continuadores o, más bien, actualizadores de su legado.

Pese a sus diferencias (por ejemplo, su visión de la biopolítica), los paralelismos y cercanías son más que patentes, y por lo tanto ponerlos en común es un recurso y ejercicio pertinente. De este modo, este trabajo tomará como eje central el pensamiento de Paolo Virno, y lo complementará con las ideas de Toni Negri y Michael Hardt (con quien Negri escribe muchas de sus obras) a fin de esbozar un acercamiento a la noción de éxodo. No se ha dedicado una atención específica a remarcar constantemente las particularidades y diferencias de Negri y Hardt frente a Virno, sino que se le ha dado más bien un uso ecléctico, a fin de tomarlos como recurso teórico útil que enriquezca las tesis de Virno.

Como ya se ha presentado, Negri no solo es un autor de interés por sus análisis sobre la teoría postoperaria, sino por sus propios análisis sobre Lenin, los cuales no encajan directamente con el espíritu del presente trabajo, pero ha sido de interés realizar todo el estudio circundante.

En suma, las ideas planteadas a partir de la comparación de Lenin y Virno en el presente trabajo han sido realizadas de forma creativa a partir del estudio de cada autor.

1.4. Justificación

La figura de Lenin está rodeada de polémica, principalmente por su papel histórico como líder de estado. Esto ha hecho que tanto seguidores como retractores midan el valor de su obra teórica por factores externos a la misma. Ante esto, en el presente trabajo se pretende atender a Lenin como autor teórico y someterlo a un tratamiento académico. Su obra ha estado presente por afirmación o negación en los diversos desarrollos de la filosofía marxista durante el siglo XX y, por lo tanto, para comprender mejor la historia de la filosofía política es necesario incluirlo dentro de la cartografía de autores que la han marcado. De este modo, estudiando el leninismo podemos entender mejor el papel que ocupa el éxodo en la historia de la filosofía política, entendiéndolo como una alternativa a la revolución leninista.

Como hemos visto, obras como *Lenin reactivado* son una clara manifestación de que en el siglo XXI sigue siendo pertinente estudiar la obra de Lenin. A su vez, ejemplos como el de la reciente tesis doctoral de Eduardo Manuel Molina reflejan el interés de relacionar a un autor ya clásico dentro de la filosofía política contemporánea como lo es Lenin, con las propuestas más recientes del éxodo. Precisamente es aquí donde ha de inscribirse el sentido del trabajo, pues si bien Negri y Hardt han tenido bastante impacto en el estudio del éxodo de la multitud, estas teorías siguen en proceso de maduración y pendientes de mayor profundización académica. Por ello, resulta de especial importancia la tarea de rescatar otros autores que junto con Negri ayuden a construir el estudio teórico del éxodo, entre ellos Paolo Virno, como uno de los principales intelectuales en esta materia, que, sin embargo, aún está pendiente de mayor atención. Por lo tanto, esta se presenta como una tarea de interés, e incluso de necesidad para la actualidad de los estudios de filosofía política, una tarea novedosa y pendiente.

Por otro lado, en tanto que ejercicio intelectual, cualquier trabajo comparativo es legítimo. Ahora bien, para que una comparación sea rigurosa debe ser consciente de sus propias limitaciones, y en el presente caso, debe explicitarse la diferencia de planos históricos.

Ocurre que Lenin y Virno viven en dos momentos históricos diferentes, y siendo dos autores muy apegados a su contexto, sin el cual no puede entenderse su filosofía, cabe preguntarse por el sentido de compararlos. Tener claro esto es elemental, pues de nada serviría señalar las diferencias entre ambos autores, si se olvida que ambos podrían tener razón simultáneamente en su propio contexto, y de este modo, ser compatibles por muy diferentes que sean sus teorías. De este modo, la revolución proletaria de Lenin pudo ser la oportunidad histórica para el imperialismo de principios del siglo XX, y el éxodo de la multitud la oportunidad histórica para el postfordismo contemporáneo. En ese sentido cabría preguntarse si acaso Lenin y Virno podrían ser parte de una misma tradición.

A este respecto, en textos como *Tras las huellas de Marx* (2004) Negri y Hardt afirman ser continuadores del marxismo que lo están aplicando al nuevo contexto, del cual consecuentemente se deducen nuevos sujetos (multitud) y estrategias (éxodo). Virno no se esfuerza tanto como Negri en intentar justificarse explícitamente dentro de la tradición marxista, quizás porque desde su juventud estuvo siempre en un ala más heterodoxa que la del propio Negri (quien llegó a militar en el Partido Socialista Italiano). Pero, aun así, Virno sí que hace valer constantemente a Marx para analizar el presente, utilizando sus conceptos y reinventándolos de ser necesario. De algún modo, pretende mostrar que sus teorías tienen la aprobación de Marx. En cualquier caso, afirmar que Lenin podría ser seguidor de Virno si conociese la situación actual, es una especulación bastante exagerada y polémica. Debemos tener presente que existe un desajuste histórico en sus teorías, pero tampoco podemos olvidar que el leninismo ha tenido una continuidad hasta el presente que, pese a las actualizaciones, mantiene el modo de hacer y de pensar leninista. Multitud de intelectuales como Ludo Martens mantuvieron su orientación leninista en los diversos contextos que han sucedido los siglos XX-XXI. Además, incluso pudiendo achacarse sus diferencias al desajuste de la oportunidad histórica, seguiría siendo de interés analizar las distancias entre momentos históricos y conocer en que difiere el Lenin de ayer, con el Virno de hoy. Teniendo presentes estas cuestiones, es pertinente comparar ambos autores.

2. El contexto: del imperialismo al postfordismo

Para comprender las propuestas políticas de nuestros autores es conveniente situarlas en el contexto al que responden. Del mismo modo que las propuestas de Lenin deben conectarse con su caracterización del capitalismo de su época como fase imperialista, el éxodo es una propuesta para un contexto determinado, el del capitalismo postfordista, el cual, frente al viejo capitalismo industrial, está caracterizado por el trabajo inmaterial.

2.1. Del viejo al nuevo capitalismo: Postfordismo y "*generall Intellect*"

Existen muchos elementos contextuales que podríamos tener en cuenta, pero es conveniente centrarse en el "*generall Intellect*" ya que es el elemento clave para entender la posibilidad del éxodo.

Marx, en el llamado *fragmento sobre las máquinas* de sus *Grundrisse*[1], trata la creciente automatización del trabajo mencionando un sugerente concepto, el *general intellect.* Básicamente, esta abstracción (en Marx) remite a una especie de inteligencia social formada por el conjunto de

[1] Los *Grundrisse* o *Elementos fundamentales para la crítica de la economía política* es un conjunto de anotaciones en sucio escritas por Marx entre 1857 y 1858, pero que no vería la luz hasta 1939. Pese a tratarse de unas pocas caras, el *Fragmento sobre las máquinas* recogido en los *Grundrisse* supuso una importante inspiración para el operaísmo italiano, llevándolo a replantear el marxismo tradicional (Gómez, 2014: 305). Cabe matizar que Lenin nunca pudo tener acceso a esta obra, la cual salió a la luz tras su muerte.

saberes acumulados colectivamente. La cuestión es que las máquinas son generall intellect objetivado, y su capacidad de automatización y aumento productivo están dejando al trabajo vivo de los proletarios en un segundo plano, como meros acompañantes o vigilantes de las máquinas. De este modo, la creación de riqueza efectiva cada vez dependería menos del tiempo invertido por el obrero, y más del estado de las ciencias (Marx, 1939, pág. 227-230).[2]

Para Virno, la tendencia capitalista descrita en el Fragmento es actualmente la norma del sistema, al que se refiere como "postfordista", y afirma que supone una superación de la teoría del valor planteada por Marx en *El capital*: "Más que aludir a una superación de lo existente, el «Fragmento» es una caja de herramientas para el sociólogo. Describe una realidad empírica ante la mirada de todos: la realidad empírica del ordenamiento postfordista" (Virno, 2001, pág. 103).

Virno no se limita a afirmar que el análisis de Marx se ha generalizado en la economía, sino que lo lleva mucho más lejos, toma de los *Grundiesse* la idea del general intellect y la reformula haciéndola suya (a partir de ahora usaremos este concepto en el sentido dado por Virno).

Para nuestro autor, el general intellect ya no debe centrarse únicamente en su expresión objetivada, las máquinas, pues no se trata solo del capital fijo, sino especialmente del trabajo vivo. El general intellect que no se objetiva, se presenta como trabajo vivo, como trabajo inmaterial que acompaña a la producción, o que incluso escapa al propio ámbito laboral, en forma de juegos lingüísticos, cooperación, imaginación, previsión, comunicación, etc., que no necesariamente dan lugar a un resultado concreto. En el sistema de producción contemporáneo el trabajo se ha vuelto principalmente trabajo improductivo, es decir, sin un producto autónomo concreto, sin un resultado separable de la propia

[2] Para muchos autores marxistas como el contemporáneo Claudio Katz la tecnificación del trabajo era la garantía de que con el socialismo el ser humano podría ser liberado de las cadenas del trabajo, aunque esto por supuesto, ha suscitado diversos debates como las críticas de Silvia Federici desde una perspectiva de género en *El patriarcado del salario* (2019).

acción productiva. Por lo tanto, el trabajo ha asumido rasgos propios de la acción política, como imprevisibilidad, capacidad de empezar algo de nuevo, performances lingüísticas, elección entre posibilidades, etc., (Soto, 2009, pág. 211). De este modo, el general intellect se presenta como comunicación y cooperación social convertidas en la principal fuerza productiva. Si analizamos el general intellect en sí mismo vemos que es algo más profundo que una serie de conocimientos concretos, por el contrario, remite a la misma capacidad de comunicarse, cooperar y razonar, lo cual se fundamenta a su vez en la facultad lingüística. (Virno, 1996, pág. 77-88)

> El general intellect es el nombre que le pertenece a la ordinaria facultad humana de pensar con las palabras, cuando ella se vuelve la principal fuerza productiva del capitalismo maduro. (Virno, 2006, pág. 139)[3]

Es decir, podríamos entender el general Intellect como una abstracción de la capacidad cognitivo lingüística humana, la cual se ha convertido tanto en fuerza productiva como de trabajo, y su potencialidad en una mercancía cuyo valor es inconmensurable. Pero el problema es que el generall Intellect no está liberado, sino que es objeto de explotación, dando lugar a una completa impotencia de las capacidades humanas, o al menos, a una impotencia de las capacidades libres, pues estas están mercantilizadas y sujetas a una esfera estatal opresiva.

Como se ha visto, según Virno, el trabajo postfordista es principalmente inmaterial e improductivo. A este respecto, el leninismo no niega que existan estos tipos de trabajo en el capitalismo, incluso Marx ya los contemplaba, pero rechaza que sean la principal fuerza productiva. Aunque también hay que tener presente que cuando Virno habla de trabajo inmaterial, improductivo, general intellect, etc., citando a Marx, en realidad está dando un sentido diferente a esos conceptos, hay un

[3] En este sentido, el postfordismo realza y utiliza productivamente los rasgos más propiamente humanos.

salto cualitativo cuando los tratamos dentro del postfordismo, un salto que lo aleja mucho de Lenin y Marx (Durán, 2009).

Virno argumenta que las luchas sociales italianas contra el modelo disciplinario y las formas de producción capitalistas están relacionadas con el surgimiento del posfordismo en el país. El surgimiento del postfordismo no en una evolución natural inscrita en la esencia del capitalismo, y basada en el mero desarrollo lineal y mecánico de sus fuerzas productivas. Por el contrario, su nacimiento supuso una adaptación y absorción de las nuevas formas de vida y de lucha que surgieron con el llamado autonomismo italiano (Fagioli, 2015, pág. 118). Virno lo describe con las siguientes palabras:

> La obra maestra del capitalismo italiano ha sido haber transformado en recurso productivo precisamente los comportamientos que, en un primer momento, se manifestaban con la semblanza del conflicto radical. La conversión de las propensiones colectivas del movimiento de 1977 —éxodo de la fábrica, rechazo al empleo estable, familiaridad con los saberes y las redes comunicativas— en un concepto innovado de profesionalidad —oportunismo, charla, virtuosismo, etc.—: ése es el resultado más precioso de la contrarrevolución italiana —entendiendo por «contrarrevolución» no la simple restauración del Estado de cosas precedente, sino, literalmente, una revolución al revés, es decir, una innovación drástica de la economía y de las instituciones con el fin de lanzar de nuevo la productividad y el dominio político. (Virno, 2001, pag.101)

Al margen de la veracidad de esta interpretación de sucesos, no debe pensarse que su lógica filosófica parte de una priorización de los procesos políticos (superestructurales) sobre los económicos (infraestructurales), y por lo tanto tiene un fondo contrario al materialismo histórico. Por el contrario, hay diversos puntos desde donde hilar este tipo de lógica con el leninismo, que, pese a los deslices teóricos, siempre ha rechazado explícitamente el economismo y el mecanicismo como explicaciones del desarrollo histórico (Harnecker, 1969, pág. 237-242). Es de interés poner de manifiesto la importancia histórica de lo político mencionando a Mao Tse-tung (este autor ha sido rechazado por muchos autores leninistas, aunque otros como Marta Harnecker lo utilizan para enriquecer la tradición leninista sin ser por ello maoístas) quien explica en *Sobre la contradicción* (1937) que aunque normalmente lo infraestructural determina lo superestructural, en ciertos momentos decisivos la relación se invierte, claro ejemplo de ello son las revoluciones en las que un proceso político puede cambiar todo el sistema productivo. (Mao, 1937, pág. 359-360). De este modo, al hablar de desarrollo de las fuerzas productivas, se incluye el hecho de que estas también pueden transformarse para adaptarse a las amenazas internas; al fin y al cabo, la lucha de clases forma parte de la dialéctica interna que hace desarrollarse al sistema capitalista. Formalmente, Virno y el leninismo no quedan tan distantes en este tipo de razonamientos.

Es de interés comentar que, en términos generales, Negri y Hardt comparten la tesis del carácter lingüístico-cognitivo del trabajo contemporáneo postfordista, aunque con algunas diferencias. Negri y Hardt incluyen el generall Intellect dentro de lo que ellos llaman "lo común", que incluye tanto las capacidades lingüístico-cognitivas, como el conocimiento acumulado e incluso recursos materiales. Además, ponen más el acento en el componente afectivo del trabajo inmaterial, mientras que Virno no lo menciona tanto.

En obras como *Imperio* incluso toman distancia con Virno al considerar que ha dado al general intellect un papel demasiado incorpóreo, ha reducido todo al lenguaje olvidando el carácter biopolítico. Existe un cuerpo vivo, con deseos, impulsos y afectos (Gómez, 2014, pág. 309-310). Virno ha contestado a esta crítica afirmando que el lenguaje no es otra cosa que cuerpo y vida humana. No tiene sentido pensar que el lenguaje es algo incorpóreo ya que somos animales lingüísticos, nuestro discurso verbal es también una manifestación biológica, pasiones, tráquea y pulmones. Jugando con la clásica contraposición marxista entre idealismo y materialismo, afirma que la crítica que lo acusó de idealista olvida paradójicamente el materialismo (Virno, 2001, pág. 17-18).

Por último, cabe completar la réplica señalando que a esta aceptación de corporalidad del lenguaje le sigue asimismo una crítica del uso de la biopolítica que hacen Negri y Hardt. Para Virno la biopolítica juega un papel en el postfordismo en tanto que la fuerza de trabajo como mercancía es en realidad la potencia de producir, la cual está sostenida por el cuerpo biológico del obrero, y consecuentemente ha de ser gobernado biopoliticamente (Virno, 2001, pág. 80-83). Pero los usos fuera de este hecho han de estar bajo duda:

> Toni Negri y Michael Hardt, en cambio, utilizan biopolítica en un sentido histórico determinado, basándose en Foucault, pero Foucault habló de la biopolítica en muy pocas páginas —en relación al nacimiento del liberalismo—, Foucault no es una base suficiente para fundar un discurso sobre la biopolítica y mi temor, mi miedo, es que «biopolítica» pueda transformarse en una palabra que esconde, cubre, los problemas en vez de ser un instrumento para afrontarlos. Una palabra fetiche, una palabra «contraseña», una palabra con el signo exclamativo, una palabra que corre el riesgo de bloquear el pensamiento crítico en vez de ayudarlo. Tengo miedo de las palabras fetiche en política porque se parecen a los gritos del niño que tiene miedo de la oscuridad..., el niño que dice: «¡mamá, mamá!», «¡biopolítica, biopolítica!». No niego que haya un contenido serio en el término, sin embargo, veo que el uso del término biopolítica es, a veces, un uso consolador, como el grito del niño, mientras que nosotros necesitamos, en todo caso, instrumentos de trabajo que sean útiles y no palabras-propaganda (Virno, 2001, pág. 129-130).

En suma, estas particularidades no impiden que su diagnóstico de la realidad sea en lo fundamental compatible, aunque tenerlas presentes es conveniente para concretar las discrepancias de Virno con el abuso del concepto “biopolítica”.

En conclusión, hablamos de trabajo inmaterial como el tipo de trabajo dominante en el postfordismo. Esta afirmación es trascendental, pues el general intellect es la premisa de las nuevas posibilidades de emancipación. Como se desarrollará a lo largo del trabajo, el actual sistema de producción cognitivo-lingüístico tiene un reverso emancipatorio, pues si el general intellect se libera de sus cadenas postfordistas, permite la cooperación de la multitud fuera de la esfera estatal, es decir, el éxodo.

A este respecto es relevante señalar que Virno mantiene en común con Lenin la lectura marxista que considera que el sistema explotador engendra en su seno las claves de la emancipación. Para el marxismo la revolución solo es posible porque el presente sienta las bases para ella, la dialéctica no es la supresión de todo el pasado y la creación de algo completamente nuevo, sino una síntesis de elementos históricos (Marx, 1867, pág. 363). Lenin en su caso, analiza como Marx, que el capitalismo sienta las bases del futuro socialismo: genera la clase proletaria revolucionaria y la organiza en fábricas, profundiza la contradicción entre producción social y propiedad individual que llevará a la revolución, así como desarrolla la industria permitiendo una futura abundancia material que redistribuir, etc. Y en concreto, Lenin especifica, por ejemplo, que la etapa imperialista profundiza este proceso mediante la expansión de los monopolios en tanto que anulan la libertad del mercado y centralizan la industria, como un adelanto de lo que será la futura economía socialista.

2.2. La perspectiva global: Entre el imperialismo y el imperio

Lenin desarrolla en diversos escritos su caracterización del capitalismo global de su época como "Imperialismo", especialmente en su famosa obra *Imperialismo, fase superior del capitalismo.* Esta aportación es muy relevante, ya que supone una ampliación de los análisis de Marx a fin de adaptarlos al desarrollo histórico, y suponen un marco global dentro del cual sitúa el resto de sus planteamientos genéricos o concretos. A continuación, se resumen los principales rasgos del imperialismo:

En primer lugar, la primera idea que debemos tener clara es que para Lenin el imperialismo no es una política concreta de los Estados capitalistas, sino que es el modo de ser específico del capitalismo maduro, su fase superior. Por ello, capitalismo e imperialismo son inseparables. Económicamente el imperialismo se caracteriza por el surgimiento de inmensos monopolios, así como del capital financiero, y, en consecuencia, de una oligarquía financiera internacional (como fusión de los bancos con el capital industrial). En Lenin la vanguardia del capitalismo no es ya la producción industrial, sino el capital financiero. Por otro lado, la exportación de capital se torna más importante que la exportación de mercancías que caracterizaba al capitalismo anterior. Por último, en el imperialismo surgen asociaciones capitalistas internacionales que se reparten el mundo, el cual ya ha sido repartido completamente en términos coloniales, por lo cual se trata de un constante cambio de manos y competitividad entre poderes imperialistas por el control de los recursos y mercados (Monet, 2000; Lenin, 1916).

Esto lleva a una cadena mundial de alianzas o dependencia entre potencias jerarquizadas en función de su poder, las cuales a menudo chocan dando lugar a guerras imperialistas de rapiña entre potencias. Es necesario matizar, además, que el dominio imperialista entre países no es necesariamente en términos de colonia como ocupación militar, sino que el dominio económico de un país también es una fórmula imperialista habitual. Por último, Lenin afirma además que el Imperialismo es un capitalismo parasitario en descomposición, y, por lo tanto, un momento propicio para dar paso al futuro socialista. En términos generales esto es el imperialismo para Lenin, y de este contexto se extraen importantes conclusiones políticas. Una de ellas es la teoría del eslabón débil, la cual afirma que el mundo forma una cadena imperialista, donde todos los países están interrelacionados de algún modo. La revolución no será un proceso simultáneo en todo el globo, sino que comenzará en los eslabones más débiles de la cadena, aunque puede tener repercusiones revolucionarias en otros países. Los eslabones más débiles no son aquellos en donde existe mayor democracia, mayor número de proletarios, mayor desarrollo industrial del capitalismo, etc., sino todo lo contrario: a diferencia de lo que pensaban los primeros marxistas, existe una gran potencialidad revolucionaria en los países menos desarrollados, víctimas del expolio de las grandes potencias imperialistas (Monet, 2000; Lenin, 2019).

Teniendo en cuenta lo anterior, si se desea comparar correctamente a nuestros autores, es necesario preguntarse cuál es el análisis del contexto global de Virno: si el postfordismo es un sistema totalizado a escala mundial o por el contrario solo la realidad de ciertos países. En este sentido, Virno no termina de especificarlo en términos sistemáticos. Sus análisis son genéricos, aunque puede entreverse que se refiere al menos a los países occidentales. Por el contrario, Negri hace un retrato del postfordismo similar al de Virno en muchos aspectos, pero a mayores: sí que incluye una teoría sobre la realidad global a partir de la idea de "Imperio".

Según Negri y Hardt se han dado una serie de transformaciones en las últimas décadas del siglo XX que han dado lugar al Imperio, en sustitución del anterior imperialismo. En el plano económico el Imperio es similar al postfordismo descrito por Virno, pero en el plano político, la soberanía se ha redefinido abandonando el Estado-nación en forma de organismos nacionales y supranacionales unidos por una sola lógica de mando. Ahora los Estados ya no intentan extender su soberanía más allá de sus fronteras como en el imperialismo, sino que el imperio no tiene un centro territorial. En consecuencia, el imperio esta descentralizado y desterritorializado, y va incorporando progresivamente a todo el ámbito global en su interior. Ya no es un país u otro compitiendo entre sí, sino un todo imperial. Además, el imperio intenta totalizar la vida bajo su mando, por lo que representa una forma de biopoder. De la anterior "sociedad disciplinaria" se ha pasado a una "sociedad de control". Este tipo de poder es biopolítico ya que intenta controlar la producción y reproducción de la vida por medio de mecanismos de mando que se vuelven inmanentes al campo social, interiorizándose en los propios cerebros y cuerpos de los ciudadanos. Como vemos, este tipo de poder se distancia mucho de los análisis de Lenin en *El Estado y la revolución*, en los que el Estado burgués utiliza las armas y la cárcel para controlar al pueblo (Rush, 2003; Negri y Hardt, 2000).

La tesis de la desterritorialización ha supuesto polémica ya que puede llevar a relativizar la idea leninista de la cadena de países jerarquizados por dependencias, dominación y alianzas, pues ya no tiene sentido hablar de una potencia imperialista y un país colonizado. Pese a que Negri y Hardt afirman que el imperio es piramidal, esta supuesta anulación del norte y el sur global[4] les ha valido serias críticas, siendo acusados de invisibilizar la opresión del sur global (Rush, 2003).

Volviendo a Virno, nuestro napolitano se ha referido al presente como "época de la globalización" y no sería extraño que compartiese algunos de los planteamientos globales de Negri y Hardt. Pero, por otro lado, tampoco podemos decir que se adhiera totalmente a la teoría del imperio ya que la ha criticado explícitamente al considerarla prematura. Virno considera que se basa demasiado en la administración Clinton como modelo del Imperio, haciéndose necesario analizar desarrollos posteriores para poder definir correctamente la situación tras la caída del bloque socialista (Pavón, 2004). En suma, Virno no ignora, pero tampoco enuncia una teoría mundial definida.

De este modo, las teorías de Virno no tienen un fundamento contextualizado en la situación internacional. Esto es muy significativo, ya que por el contrario en Lenin su teoría del imperialismo es fundamental. También queda patente que mientras que Lenin pone el foco en los países menos desarrollados como eslabón débil del imperialismo, es decir, como lugares con mayor potencial revolucionario, Virno, por el contrario, parece poner el foco de su análisis en los países más desarrollados, pues aparentemente son el objeto de su teoría ya que apenas hace referencia a otros contextos geográficos, y sus descripciones del postfordismo parecen aplicarse principalmente a Occidente. Esto es algo que también se le ha señalado a Negri e incluso se le ha llegado a tachar de eurocéntrico (Rush, 2003). Si se trata de una simple cuestión de temá-

---

[4] Términos no leninistas que hacen referencia a las potencias imperialistas desarrolladas como norte dominador y a los países no desarrollados como sur dominado. Estos términos son utilizados especialmente por las corrientes decoloniales, aunque también se han combinado con algunos marxismos.

ticas o por el contrario de una priorización política de Occidente es un debate que queda abierto.

2.3. Apreciaciones generales

En primer lugar, ha de tenerse en cuenta que para la tradición marxista hablar de contexto general es hablar de etapa histórica, por eso conviene preguntarse qué concepción tiene Virno del postfordismo y el éxodo en tanto que procesos históricos.

El postoperaismo, donde incluiríamos a Virno, rechaza del marxismo-leninismo lo que consideran una visión teleológica de la historia imbuida de la idea de progreso histórico. Es decir, la versión más dogmática y determinista del materialismo histórico como una sucesión de etapas determinadas por la lógica interna de su desarrollo económico, que inevitablemente progresan y llevan al comunismo[5]. Frente a ello, puede interpretarse que Virno parece entender la historia y su desarrollo como algo mucho más contingente, abandonando la concepción lineal y progresiva de la historia (Fagioli, 2016, pág. 154). En el pensamiento de Virno "lo-que-es es producto de la confluencia de encuentros, desencuentros y posibilidades y no es sino uno entre múltiples "posibles" (Fagioli, 2015, pág. 118).

Teniendo en cuenta esto, cabe plantearse de forma especulativa las conexiones entre esta concepción histórica y el éxodo. El éxodo no destruye de un golpe el sistema anterior, sino que crea un nuevo mundo mientras el viejo sigue existiendo, quizás esto suponga que, a diferencia de la revolución comunista, no supone un avance de etapa histórica, no

---

[5] Este retrato profético del marxismo ha sido muy popularizado por autores antimarxistas como por ejemplo Popper y su obra *La sociedad abierta y sus enemigos* (1945) En cambio, otros autores más actuales como César Ruiz Sanjuán en *Historia y sistema en Marx* (2019), han intentado desvincular a Marx de este tipo de marxismos afirmando que el materialismo histórico y dialéctico leninista es fruto de tergiversaciones de los marxistas posteriores a Marx, e incluso del propio Engels.

es un salto hacia delante, sino más bien una huida en paralelo, hacia un limbo histórico.

En cuanto a las críticas del materialismo histórico determinista debe señalarse que no se corresponden necesariamente con el leninismo. Lenin efectivamente mantiene una concepción de la historia por etapas y en su pensamiento subyace el ideal de progreso marxista de raíz ilustrada, pero el grado de determinismo en su dialéctica histórica es algo más relativo y sujeto a debate. Al margen de las vulgarizaciones que puedan circular y de que pueda haber textos concretos en los que se dé a entender cierto fatalismo histórico, en realidad, oficialmente el leninismo (incluso en su versión más "escolástica") rechaza siempre y explícitamente este tipo de concepciones fatalistas por considerarlas reaccionarias, pues el determinismo invita a la inacción social y quita importancia al papel del proletariado como sujeto libre que hace la historia (Judin y Rosental, 1963, pág. 170).

Otra diferencia entre Lenin y Virno, también presente en Negri como ya señala Eduardo Manuel Molina Campano en su tesis doctoral *El pensamiento político de Antonio Negri ¿Renovación marxista o renegación ecléctica?* (2007), es una indeterminación (al menos mayor que en el marxismo tradicional) del contexto para el que se escribe, difuminándose la máxima leninista del análisis concreto de la situación concreta. Esta cuestión está muy conectada con la ya mencionada indeterminación del contexto internacional en Virno, así como de la posible ambigüedad en torno a si su objeto de estudio es exclusivamente Occidente.

Por último, aunque evidentemente Virno tiene una visión del sistema diferente a la de Lenin, es necesario matizar que en un sentido histórico podría decirse que no son necesariamente incompatibles. Es decir, sus teorías son diferentes porque hablan sobre momentos históricos diferentes. Lenin analiza como el capitalismo ha evolucionado hacia su etapa superior, el imperialismo, pero cabe preguntarse si el imperialismo a su vez no ha evolucionado hacia el postfordismo. Se trataría de la cuestión de si Lenin y Virno son compatibles en tanto que abordan contextos históricos diferentes, a la cual ya se ha hecho referencia en la introducción del trabajo. Recordemos que el propio Negri afirma ser un actualizador y continuador del marxismo. En cualquier caso, se trata de una polémica abierta, en la que algunos estudiosos del marxismo como Georges Labica afirman que el término "etapa superior" ha sido malinterpretado, y que no significa que sea la última en un sentido ontológico, sino que refiere a etapa contemporánea o reciente (Labica, 2010, pág. 216)

. Sin embargo, tampoco deja de ser cierto que algunas expresiones de Lenin dan a entender que por definición el Imperialismo es la última etapa del capitalismo: "Queda claro por qué el imperialismo es un capitalismo agonizante, en transición hacia el socialismo..." (Lenin, 1916).

3. El sujeto: la multitud frente al partido

Es de especial importancia para comprender el éxodo detenerse a analizar qué sujeto político plantean Virno y Lenin y qué diferencias existen entre las propuestas de cada autor.

Ya en el tan conocido *Manifiesto comunista*, Marx y Engels hablaban del proletariado como una clase emergente que debía protagonizar su propia liberación y derrocar el poder de la burguesía. Ahora bien, aunque este elemento clave del marxismo se mantiene, sería inexacto decir que en Lenin el sujeto revolucionario es el proletariado, por el contrario, debemos poner el acento en el partido de vanguardia. Más en concreto, en Lenin debemos hablar de tres sujetos que se complementan mutuamente: el partido, la clase obrera y el pueblo, siendo el primero la aportación más paradigmática del autor.

El pueblo es una alianza entre diversas clases encaminadas a la revolución, las cuales son lideradas por el partido, el cual sin embargo tiene una posición política eminentemente obrera, ya que es la clase obrera la que tiene un papel políticamente privilegiado. Pero en última instancia, es el partido quien toma las riendas del resto de sujetos, quien los representa, y en este sentido, podemos decir que es el sujeto político principal, en tanto que representación del resto de sujetos, aunque prioritariamente del proletariado.

El partido se caracteriza por ser una organización estable de revolucionarios profesionales, entregados de forma organizada y disciplinada a la política, y unidos por la unidad de acción y discurso, como una voluntad unificada. El partido porta la ideología comunista y actúa como vanguardia, es decir, su visión estratégica va un paso por delante de las masas populares, y las lideraría para llegar más lejos de lo que llegarían por sí mismas, a la dictadura del proletariado (Lenin, 1902). En términos generales esto es el partido leninista, pero más que profundizar en matices organizativos, lo que interesa es centrarnos en los sujetos con los que se relaciona, el pueblo y la clase obrera, cuestión desarrollada en los siguientes apartados.

Frente a esto, en Virno el sujeto del que debemos hablar se conceptualiza como "multitud" La multitud es una noción que busca conceptualizar un sujeto social actualmente existente, y que según Virno pertenece más a la filosofía política que a la sociología. Aunque Virno no utiliza estos términos, podemos entender la multitud como una especie de sujeto político en el proyecto del éxodo, en términos marxistas cabría decir que, dado su papel en el postfordismo, es un sujeto políticamente privilegiado. (Mouffe, 2009, pág. 6). Cabe comentar que Virno se mantiene prudente hacia la idealización de la multitud, al menos más que otros autores como Negri y Hardt. Para Virno no estamos ni mucho menos ante el mejor de los mundos posibles, la multitud simplemente es la mejor potencialidad política que ofrece el contexto actual (Virno, 2001, pág. 19).

Para hablar de este sujeto, lo primero que debemos señalar es la conexión entre general intellect y multitud como forma de constante producción en el postfordismo, lo cual, al mismo tiempo, acentúa en la multitud rasgos genéricamente humanos e inevitablemente rasgos políticos (Virno, 2006, pág. 8). Como se profundizará más adelante, estos rasgos son lo que tiene de común y universal la multitud, una premisa que permite crear una red colectiva al margen del Estado y de categorías como pueblo.

> Multitud significa «muchos», pluralidad, conjunto de singularidades que actúan concertadamente en la esfera pública sin confiarse a ese «monopolio de la decisión política» que es el Estado —a diferencia del «pueblo», que converge en el Estado. Los «muchos» son hoy los trabajadores postfordistas; por lo tanto, aquellos que, al trabajar, recurren a todas las facultades genéricamente humanas, y en primer lugar, a la facultad de lenguaje. Estas facultades son comunes y compartidas. Sería un error, por lo tanto, creer que la multitud sea un torbellino de esquirlas particulares. Se trata de otra cosa. Mientras que para el pueblo la universalidad es una promesa, esto es

> un fin, para la multitud la universalidad es una premisa, éste es el punto de partida inmediato. El universal-promesa se confunde con la síntesis estatal, el universal-premisa es el lenguaje. A los ojos de la multitud lingüística, el Estado se parece a una banda de los suburbios: a veces feroz, siempre marginal (Virno, 2001, pág.19).

Negri y Hardt también consideran que la multitud es la alternativa al imperio que crece en su interior, es la otra cara de la globalización. Se extienden tanto las jerarquías, divisiones y mecanismos de control como nuevos circuitos de cooperación y comunicación supranacionales.

> Esta otra faceta de la globalización no significa que todos vayamos a ser iguales en el mundo, pero brinda la posibilidad de que, sin dejar de ser diferentes, descubramos lo común que nos permite comunicarnos y actuar juntos. La multitud también puede ser concebida como una red abierta y expansiva, en donde todas las diferencias pueden expresarse de un modo libre y equitativo, una red que proporciona los medios de encuentro que nos permitan trabajar y vivir en común (Negri y Hardt, 2004, pág. 15-16).

Virno explica que la tradición teórica sobre la multitud es más pobre que la de otras nociones como pueblo y consecuentemente es escaso el léxico, conceptualizaciones y matices sobre la multitud (Virno, 2001, pág. 44). Esta limitación puede ser suplida del siguiente modo:

> Como ocurre con todos los conceptos de la filosofía política, también el de «multitud» queda indeterminado mientras no se indique el polo opuesto. Considero que «multitud», lejos de ser un colorido sinónimo de «masas» sea el contrario de «pueblo». Si existe multitud, no hay pueblo; si existe pueblo, no hay multitud. Esta es, para bien o para mal, mi contribución específica a la definición de este concepto (Virno, 2001, pág. 19).

Por ello, para comprender la multitud se torna especialmente esclarecedor compararla con otros sujetos políticos, tarea realizada en los siguientes apartados, en los que la comparación es además doble, comparando la multitud con el pueblo y la clase obrera tal como la entiende el propio Virno, pero también con la visión del leninismo.

3.1. La multitud y pueblo, dos sujetos opuestos

El leninismo entiende el pueblo como el conjunto de los diversos grupos y clases sociales capaces de llevar a cabo la revolución.

> En el sentido corriente, población de un Estado, de un país; en el sentido rigurosamente científico, comunidad de personas, que se modifica históricamente, formada por la parte de la población, capas y clases, que por su situación objetiva están en condiciones de participar conjuntamente en la resolución de los problemas concernientes al desarrollo revolucionario, progresivo, de un país dado en un periodo dado (Judin y Rosental,1963, pág. 385-386).

El pueblo es todo elemento social capaz de oponerse a las clases dominantes y, por lo tanto, la composición sociológica del pueblo, igual que la de las clases dominantes, cambia en función del contexto histórico. Es fácil apreciar que "pueblo" no es un término imparcial, sino que es un concepto genuinamente político, posicionado y antagónico, ya que se considera que con el surgimiento de la sociedad de clases surge la distinción entre población y pueblo. Solo tras el fin de la sociedad de clases el pueblo volverá a abarcar a toda la población.

Lenin utiliza el termino habitualmente, y se refiere al pueblo como al sujeto que ejecuta la revolución. El proletariado actúa como sujeto prioritario dentro del pueblo, pero la revolución siempre exige una unión de fuerzas entre varias clases y grupos sociales (campesinos, estudiantes, intelectuales, soldados, clases medias, etc.). El proletariado no es necesariamente el sujeto más numeroso dentro del pueblo, tampoco necesariamente el más beligerante, pero si el único sujeto consecuentemente revolucionario, y por lo tanto, el que asume el liderazgo político del pueblo y desde el pueblo (Lenin, 1917pág. 68-69-70).

En Lenin los contextos de prerrevolución y postrevolución están teóricamente muy bien diferenciados en sus análisis y propuestas. Podríamos decir que, antes de la revolución, al pueblo, como cuerpo político, lo media el partido de nuevo tipo, como representante de sus intereses y articulador de su voluntad; él le da unidad y lo encamina en una misma dirección. En este sentido, el partido es un Estado a su manera, pues actúa como gobierno y representante, incluso como organización de la violencia (rasgo fundamental del Estado según Lenin). En cambio, tras la revolución, es el Estado socialista quien articula estas tareas.

Para Virno, los socialistas continúan identificando al pueblo con el Estado al hablar de soberanía popular o de colectividad de trabajadores, pues en el fondo asumen la dicotomía liberal entre público/privado bajo la fórmula colectivo/individual que relega la multitud, a ser particularidades individuales, a la marginalidad pública, encerrados en lo privado. Sin embargo, con la disolución que el postfordismo ha hecho entre tiempo de producción y tiempo personal, la distinción entre público/privado ha quedado desenmascarada como falsa (Virno, 1996, pág.104-105).

Además, desde el operaísmo italiano también se ha criticado el concepto de pueblo por suprimir el antagonismo y reconciliar la sociedad bajo el Estado (Fagioli, 2015, pág. 120). Esta crítica necesita ser matizada ya que el concepto leninista de pueblo solo resuelve el antagonismo en parte. Aunque es una síntesis de intereses, continúa manteniendo contradicciones internas, pues en el materialismo dialéctico de Lenin se sostiene la unidad y lucha de los contrarios, es decir, que el pueblo puede estar unido y enfrentado al mismo tiempo. El pueblo es un momento concreto dentro de un proceso dialéctico en el que solo se supera completamente toda contradicción con la supresión de las clases sociales y el paso del pueblo a la población (la sociedad entera). De este modo, en el pueblo perduran los antagonismos de clase internos y externos, pues se mantiene el antagonismo hacia las clases explotadoras, y tras la revolución incluso entre la dirección proletaria y el resto del pueblo. (Lenin, 1917) El gobierno revolucionario posterior, antes que, de todo el pueblo, es una dictadura del proletariado. Son los intereses parciales de los obreros los que deben ser llevados hasta las últimas consecuencias, incluso si esto implica ir en contra de otras clases incluidas en el pueblo, como fue el caso del campesinado en Rusia. Por lo tanto, pervive un antagonismo claro. Solo en el futuro comunismo, con la abolición de las clases, existe una supresión total de todo antagonismo (De los Ríos, 1921, pág. 62-63).

Expuesto el pueblo en Lenin, cabe pasar ahora a la concepción de Virno:

> Entiendo que el concepto de «multitud», en oposición a aquel más familiar de «pueblo», es un instrumento decisivo para toda reflexión que intente abordar la esfera pública contemporánea (Virno, 2001, pág. 21).

Durante el siglo XVII la contraposición entre pueblo y multitud estuvo en el centro de las controversias teóricas y prácticas, configurando en gran medida las categorías político-sociales de la modernidad. Fue la noción de pueblo la que prevaleció, apadrinada por Hobbes, en menosprecio de la multitud, defendida por Spinoza. Virno se hace cargo de este debate histórico para abordar un presente marcado por una crisis de la teoría política de la modernidad. El propio Virno entiende su propuesta como una revancha histórica de la multitud a la luz del postfordismo (Virno, 2001, pág. 21-22-23).

Según Virno, la noción de pueblo es tradicionalmente un concepto unitario que reduce la diversidad de los individuos atomizados a una identidad única, el cuerpo político soberano, aglutinando y anulando la multiplicidad en una voluntad general. Esta unidad es un punto de llegada, un movimiento centrípeto logrado mediante el Estado. En cambio, la multitud representa un movimiento centrífugo que va del uno a los muchos. Tiene una premisa, el general intellect, el cual le hace más universal de lo que el Estado fue nunca, pero se aleja constantemente de este punto de partida (Virno, 2001, pág. 42). De este modo, la multitud es una pluralidad que no necesita dejar de ser tal para ejercer la acción colectiva.

> La unidad que la multitud tiene a sus espaldas es la constituida por los «lugares comunes» de la mente, por las facultades lingüístico-comunicativas comunes a la especie, por el general intellect. Se trata de una unidad/

> universalidad visiblemente heterogénea, distinta de aquella estatal. [...] El Uno de la multitud no es, entonces, el Uno del pueblo. La multitud no converge en una volonté générale por un simple motivo: porque ya dispone de un general intellect. El intelecto público, que en el postfordismo se presenta como mero recurso productivo, puede constituir sin embargo un nuevo «principio constitucional», puede ocultar una esfera pública no estatal. Los muchos en cuanto muchos tienen como base de sustentación, para bien y para mal, la publicidad del intelecto (Virno, 2001, pág. 42).

Frente al pueblo, la multitud no solo mantiene una unidad de partida que le da un potencial político autónomo, sino que también es plural, una multiplicidad compuesta de innumerables diferencias irreductibles a una identidad única.

> Hay diferencias de cultura, de raza, de etnicidad, de género, de sexualidad, diferentes formas de trabajar, de vivir, de ver el mundo, y diferentes deseos. La multitud es una multiplicidad de tales diferencias singulares (Negri y Hardt, 2004, pág. 16).

A este respecto no debemos confundir multitud y masas, pues la masa no es una unidad, pero tampoco son caracterizables como sujetos diferenciados. Su esencia es la indiferenciación, y precisamente por esto la singularidad se difumina en un conglomerado indistinto capaz de moverse al unísono. En cambio, la multitud es una multiplicidad que mantiene sus diferencias internas particulares (Negri y Hardt, 2004, pág. 16).

En el caso de Lenin podemos decir que pueblo y masas populares se tratan por lo general de forma similar. En cualquier caso, en Lenin, la unidad del pueblo tampoco anula sus diferencias internas, al contrario, son defendidas, remarcadas e incluso reivindicadas. Por ejemplo, la revolución rusa no es entendida por Lenin solo como la causa del pueblo en general, sino también como un conjunto de causas particulares, como la causa de las mujeres trabajadoras, de las naciones oprimidas por Rusia, de los campesinos, etc., aunque solo tendrán su victoria definitiva con el socialismo-comunismo.

En suma, el pueblo es pueblo y no suma de individuos precisamente porque es representado por una institución estatal supraindividual; la multitud es todo lo contrario:

> El contraste político decisivo es el que opone la Multitud al Pueblo [...] La Multitud, por el contrario, siente horror por la unidad política; es recalcitrante a la obediencia, no se amolda nunca al status de persona jurídica y, a causa de ello, «no puede prometer, ni pactar, ni adquirir y transmitir derechos». Es antiestatal, pero, a causa de ello precisamente, también antipopular: «los ciudadanos, cuando se rebelan contra el Estado, son la multitud contra el pueblo» (Virno, 1996, pág. 104).

Asumiendo el punto de vista de Virno, el problema del pueblo es de fondo el problema del Estado. Virno parece situar una especie de contradicción entre la sociedad (multitud) y el Estado como una especie de contradicción política elemental, lo cual es una postura típicamente anarquista, en detrimento de la contradicción entre clases sociales típica del marxismo, de hecho, en el marxismo, dado el carácter de clase del Estado la contradicción Estado-sociedad era una contradicción entre clases.

En estos planteamientos antiestatales puede encontrarse un elemento central que arroja mucha luz a la hora de contraponer los sujetos políticos en nuestros dos autores.

3.2. La multitud y la clase obrera

Para Lenin, son los obreros[6] quienes deben tomar el poder ya que, a causa de su papel en la producción, el proletariado es la única clase consecuentemente revolucionaria (Lenin, 1917 , pág. 68-69-70). Es la clase obrera, como la clase potencialmente más consciente, quien debe

[6] En el presente trabajo se trata indistintamente los términos obreros, clase trabajadora y proletariado, ya que para el objeto del mismo no se ha considerado necesario profundizar en matices acerca de esta cuestión por una cuestión de extensión.

encabezar la revolución, no haciéndola por sí sola, sino tomando el liderazgo del resto de la masa explotada que por sí misma no podría liberarse hasta las últimas consecuencias. Los intereses estratégicos a largo plazo del proletariado son radicalmente antagónicos a los de la burguesía, la clase dominante en el capitalismo, y es por esto que los intereses del proletariado llevados hasta el final dan lugar al socialismo-comunismo, y con ello a la emancipación de todo el género humano. En este sentido, aunque los obreros tienen un rol de clase emergente organizada en fábricas, que de por sí ya le da un potencial combativo, no se trata solo de la capacidad de lucha del proletariado, ya que en determinadas coyunturas otras clases pueden ser más beligerantes, y tampoco es una cuestión numérica o de ser la clase más oprimida (pues no siempre es así), sino de la capacidad de lograr que la lucha del pueblo se encamine a la revolución socialista, y no hacia meros cambios de gobierno, o reformas parciales. A esto es a lo que se refiere Lenin cuando la califica de "consecuentemente revolucionaria". Por ello, el partido obrero, educado en el marxismo, actúa como vanguardia que hace posible ese liderazgo revolucionario de la clase obrera (Lenin, 1917, pág. 68-69-70). En suma, los obreros son un sujeto político privilegiado en el sentido marxista:

> es privilegiada en el sentido revolucionario de la palabra, por encontrarse en la mejor posición para observar los mecanismos de explotación y para imaginar el camino hacia el futuro para toda la sociedad (Wallerstein, 2004, pág. 35).

A este respecto cabe comentar que Silvia Federici critica desde una perspectiva de género la idea marxista de que el proletariado tenga un papel revolucionario privilegiado a causa de su papel en la producción:

> Asume que no podemos organizarnos nosotras mismas si primeramente no estamos organizadas por el capital; y puesto que niega que el capital ya nos haya organizado, niega la existencia de nuestra lucha. Confundir la estructuración que el capital hace de nuestro trabajo, ya sea en las cocinas

> o en las fábricas, con la organización de nuestras luchas es un claro camino hacia la derrota (Federici, 2018, pág. 43-44).

Esta sugerente crítica arroja ideas que pueden sernos ilustrativas a la hora de comprender la multitud, un sujeto capaz de autoorganizarse sin otra estructuración en común que la que le da el general intellect. No obstante, cabe plantearse que según como se mire, el general intellect no deja de ser igualmente una estructuración productiva del postfordismo. En este sentido, la multitud también sería un sujeto privilegiado debido a su lugar en la producción cognitivo-lingüística. En cualquier caso, la fábrica ya no es el elemento ordenador de la lucha, sino la capacidad de cooperación de la multitud.

Respecto a lo que entiende el leninismo por clase obrera, puede tomarse la siguiente definición de mínimos perteneciente a la academia soviética:

> En el contexto del capitalismo, la clase obrera constituye la clase de los trabajadores asalariados, que están privados de los medios de producción, venden su fuerza de trabajo y son explotados por el capital (forman el proletariado) [...] Bajo los efectos del progreso técnico y científico se complejiza la composición de la clase obrera, que amplía sus filas incluyendo, además de los obreros industriales y agrícolas, también el grueso de los trabajadores asalariados de la esfera de la circulación y los servicios, así como los trabajadores intelectuales (Frolov, 1980, pág. 67-68).

Teniendo en cuenta todo esto, ha de entenderse que para el postoperaismo la clase obrera del leninismo se distingue de la multitud. Según Negri y Hardt, el concepto de clase obrera ha sido utilizado de forma excluyente, no solo separando a los trabajadores de los propietarios, sino distinguiendo al proletariado de otros trabajadores. En su sentido más amplio refiere a los trabajadores industriales, diferentes de los trabajadores del campo, sector servicios, etc. Pero incluso en su forma más abierta, como la presentada en la cita anterior, la del trabajo asalariado en general, mantiene una brecha frente al trabajo doméstico no remunerado, o por supuesto, los pobres (Negri y Hardt, 2004, pág.16-17).

Por otro lado, Virno sostiene que la clase obrera leninista está demasiado ligada a la idea de Estado, lo cual es cierto si tenemos en cuenta que su papel es la instauración de la dictadura del proletariado, y que el medio para llegar a ello es el partido obrero, que no deja de compartir rasgos estatales en cuanto a representatividad del pueblo y articulación de una voluntad común.

Ahora bien, dado el nuevo contexto posfordista, la clase obrera no tiene las mismas características que en la definición leninista. Esto, unido a las problemáticas políticas que entraña el concepto tradicional (vinculación al pueblo y carácter excluyente), llevan al postoperaísmo a reformular la noción de clase obrera:

> La clase obrera [...] remite al sujeto que produce plusvalor absoluto o relativo. Y bien, la clase obrera contemporánea, el trabajo vivo subordinado, su cooperación cognitivo-lingüística, tiene los rasgos de la multitud, antes que los del pueblo. Ya no tiene la vocación «popular» por la estatalidad (Virno, 2001, pág. 45).

Con esta definición Virno sitia al obrero como aquel que sufre explotación, pues el plusvalor la tiene como premisa. En las diferencias de esta conceptualización respecto de la leninista es especialmente significativo que no se hable de salario ni de medios de producción, silencios que se explican por su concepción del trabajo posfordista. Pese a las coincidencias formales en algunos puntos, dado que Lenin y Virno entienden el trabajo de forma completamente diferente, su idea de explotación, plusvalor y clase obrera también lo es.

Además, la definición de Virno es similar a la de Negri y Hardt, quienes entienden al proletariado como "una amplia categoría que incluye a todos aquellos cuyo trabajo es explotado directa o indirectamente por las normas capitalistas de producción y reproducción y está sometido a tales normas." (Negri y Hardt, 2000, pág. 73). Además, profundizan en su noción de explotación del siguiente modo:

> lo común se ha convertido en el locus de la plusvalía. La explotación es la apropiación privada de una parte de la totalidad del valor producido en común. Las relaciones y la comunicación producidas son comunes por su propia naturaleza, pero el capital consigue la apropiación privada de parte de su riqueza. Pensemos, por ejemplo, en los beneficios que se extraen del trabajo afectivo (Negri y Hardt, 2004, pág. 181).

La clase obrera postoperaria es un gran cajón de sastre sociológico, consecuencia de los difusos límites del trabajo inmaterial, que trascienden al trabajo asalariado. El proletariado ya no es como criticaban Negri y Hardt una unidad homogénea o indiferenciada, sino dividida en muchos estratos diferentes. La delimitación engloba a quienes sostienen el capital y están sometidos a él, lo cual contempla el trabajo reproductivo, a los parados, al trabajo asalariado, a los trabajadores de la producción material e inmaterial, desde trabajadores acomodados hasta trabajadores precarios, lumpen proletarios, amas de casa, etc.; es decir, a casi cualquier actividad bajo relaciones y disciplinas capitalistas (Negri y Hardt, 2000, pág. 74). De este modo, se soluciona el problema anteriormente señalado de la clase obrera como una idea excluyente.

A partir de los textos de Virno sobre la multitud, el pueblo y la clase obrera es posible interpretar que las tres nociones no compiten simultáneamente entre sí, sino que por el contrario la clase obrera está en un plano diferente al de la multitud o el pueblo, siendo estos, modos de ser[7] políticos, y pudiendo adoptar la clase obrera uno u otro. El postfor-

[7] Cabe comentar que hablar de un "modo de ser" es algo problemático en Virno, ya que en ocasiones da a entender que no existe tal cosa, como en la siguiente afirmación: "La clase obrera no coincide, ni en Marx ni en la opinión de cualquier persona seria, con ciertos hábitos, ciertos usos y costumbres, etcétera." (Virno, 2001, pág. 45). Sin embargo, en otros casos habla de cómo la clase obrera convertida en multitud encarna una nueva "mentalidad, formas de la organización y del conflicto." (Virno, 2001, pág. 45). Esta cuestión se mantiene abierta, aunque si puede decirse en firme que al menos existe un modo de ser básico a partir del general intellect, y que es desde esa premisa compartida por la multitud desde donde se da la diversidad a través del principio de individuación (Torrano, 2008)

dismo ha hecho que el modo de ser de la clase obrera tienda a ser el de la multitud, poniendo en crisis la noción de pueblo y, por extensión, al Estado; queda abierta la pregunta de si también al partido. Por ello, no es que la multitud sustituya a la clase obrera, es que ahora la clase obrera actúa como multitud.[8]

> Es cierto que, si la clase obrera ya no responde al modo de ser del pueblo sino más bien al de la multitud, cambian muchas cosas: mentalidad, formas de la organización y del conflicto (Virno, 2001, pág. 45).

Teniendo en cuenta los análisis del postfordismo, cabe suponer que, en consecuencia, el modo de ser de los obreros ya no orbita en torno a la disciplina, organización y antagonismos que surgen de la experiencia de la fábrica industrial, sino de la producción cognitivo-lingüística del postfordismo, que podría suponer mayor capacidad de cooperación, no uniformidad en el modo de hacer las cosas, de mayor toma de decisiones, de dinamismo y adaptación a medios cambiantes, etc., lo que lleva a una forma de hacer política más cercana al éxodo que al Estado.

Pero el éxodo no es una tarea predilecta de los obreros, sino en todo caso de la multitud y, por lo tanto, es importante señalar que la clase obrera pierde el papel privilegiado que Lenin le da en la emancipación humana. Los propios Negri y Hardt afirman que el proletariado ha perdido el papel privilegiado que antaño tenía en la producción y composición de clases, y como hemos visto también en Virno, lo más emancipatorio que la clase obrera puede hacer no es en tanto que clase obrera, sino en tanto que multitud, donde se incluyen muchos otros grupos, sin ser aparentemente la clase obrera ningún tipo de vanguardia.

En suma, para Virno la clase obrera no ha desaparecido ni ha dejado de ser un sujeto político, pero ya no tiene un papel políticamente privilegiado, sino que se incluye dentro de la multitud, en vez de en el pueblo. Por lo tanto, las características anteriormente descritas acerca de

[8] En este sentido, cabría preguntarse qué otros grupos están dentro de la multitud.

la multitud se aplicarían igualmente a la clase obrera, quien ya no busca la revolución socialista sino el éxodo de la multitud.

3.3. Ambivalencia de los sujetos: entre la emancipación y la reacción

Por último, debemos señalar que la Multitud no debe ser idealizada. Se trata de un sujeto con potencial político, pero no deja de suponer una realidad dada que tiene sus limitaciones.

> La multitud no es el enésimo «sujeto revolucionario» que haya que aclamar como hacen los grupos de hinchas futbolísticos desde las gradas de un estadio. Sólo un Cándido postmoderno puede creer que éste sea «el mejor de los mundos posibles». No, la multitud es un modo de ser abierto a desarrollos contradictorios: rebelión o servidumbre, esfera pública finalmente no estatal o base de masas de gobiernos autoritarios, abolición del trabajo sometido a un patrón o «flexibilidad» sin límites. La multitud es el modo de ser que corresponde al postfordismo y al «general intellect»: un punto de partida, inevitable pero ambivalente (Virno, 2001, pág.19).

Precisamente, un aspecto fundamental de la multitud es la ambivalencia. Virno critica la dialéctica, pero mantiene la idea de negatividad a través del concepto de ambivalencia, la cual implica una potencialidad positiva o negativa. La multitud está caracterizada por una fundamental oscilación entre la innovación y la negatividad (Virno, 2006, pág. 9). Mientras el general intellect se encuentre encadenado, la multitud es susceptible de corrupción y puede "estar a favor de la guerra, puede ser egoísta, cínica, corrupta" (Virno, 2003, pág. 33).

La multitud puede volverse fascista

Lo cierto es que este carácter ambivalente del sujeto político también se encuentra en el leninismo, de hecho, desarrollado de forma más sistemática.

A pesar de lo que suele creerse, ya desde los textos de Marx y Engels se afirma que el proletariado no es genuinamente revolucionario mediane la distinción entre "clase en sí" y "clase para sí". La teoría leninista explica que los obreros (como otras clases) a priori solo tienen una "situación de clase", es decir, son obreros económicamente, pero subjetivamente solo tienen "instinto de clase", el cual solo les permite conocer sus "intereses espontáneos inmediatos", en este sentido son una "clase en sí". Pero, a través de la experiencia política, potenciada además por el trabajo del Partido Comunista, los obreros pueden elevar su autoconsciencia pasando de ese "instinto de clase" a una verdadera "conciencia de clase" la cual les permite conocer sus "intereses estratégicos a largo plazo" y asumir de este modo una "posición de clase" en términos políticos, convirtiéndose en una "clase para sí". Paradójicamente algunos obreros (situación de clase) no asumen un posicionamiento político del lado del proletariado (posición de clase), mientras que otros grupos que no son económicamente obreros, como clases medias en descomposición, intelectuales y campesinos, etc., pueden asumir una posición de clase proletaria. De este modo, lo revolucionario no es el obrero individual en tanto que persona, sino el proletariado como clase social (con sus intereses estratégicos y su posición social concreta). Cuando los obreros se posicionan de su propio lado, es cuando la revolución es posible (Harnecker, 1969, pág. 172-183).

Este proceso de maduración de la autoconsciencia obrera está muy condicionado por la influencia de la ideología dominante y la parcialidad cortoplacista de la experiencia personal, pero es la ideología comunista y la experiencia política colectiva la que la contrarresta. El partido tiene esta tarea de elevar a los obreros de "clase en sí" a "clase para sí".

Ahora bien, estos aspectos hacen referencia al no desarrollo de la potencialidad revolucionaria del proletariado, pero debemos comprender también su potencialidad reaccionaria. Lenin no solo aborda constantemente las infiltraciones reaccionarias en el seno del movimiento obrero, sino que además utiliza un concepto fundamental a la hora de comprender la ambivalencia actual del proletariado, la noción de "aristocracia obrera".

Lenin, en su análisis del imperialismo, analiza que, aprovechando la plusvalía extraída de la explotación de las clases oprimidas de los países menos desarrollados, las potencias imperialistas más desarrolladas han elevado el salario y nivel de vida de cierta capa de obreros a los que denomina "aristocracia obrera", los cuales asumen un estilo de vida, así como una postura política pequeñoburguesas (Lenin, 1916).

> Esa capa de obreros aburguesados, o "aristocracia obrera", bastante pequeñoburgueses por su forma de vida, por sus ingresos económicos y por toda su visión del mundo, es el principal apoyo de la Segunda Internacional y, en la actualidad, el principal apoyo social (no militar) de la burguesía (Lenin, 1916, pág. 16).

Esta es una de las razones por las que el autor considera más difícil una revolución en los países desarrollados.

De este modo, el leninismo tiene especialmente presente el carácter ambivalente del proletariado, y considera que el liderazgo del partido es la herramienta para potenciarlo positivamente. Aquí asoma una diferencia importante entre nuestros dos autores, ya que para el leninismo el partido permite al pueblo asumir un rol revolucionario durante el capitalismo que permita llegar mediante la lucha al socialismo (objetivo). Es decir, la ambivalencia puede superarse antes del socialismo, y de hecho es necesario para llegar a él. En cambio, en Virno, el carácter positivo de la multitud se logra definitivamente creando una esfera pública no estatal, liberando al general intellect del postfordismo, lo cual es ya un objetivo social, el éxodo como objetivo, y no un paso previo estratégico. Esto tiene mucho que ver con la fusión de estrategia y objetivos que Virno hace en su propuesta del éxodo y que se trata en los siguientes capítulos.

3.4. Apreciaciones generales

Como hemos visto, en Lenin la clase obrera se incorpora al pueblo, cuya unidad se construye, y donde tiene un papel prioritario a través del partido. En cambio, en Virno, la clase obrera forma parte de la multitud, algo que ya está dado por las propias dinámicas posfordistas, y dentro de cuyo pluralismo nadie tiene un papel privilegiado.

De este modo, si queremos hacer una valoración general, podemos poner el acento en el conflicto entre pueblo y multitud, pues ambos son presentados como los potenciales modos de ser del proletariado. Por ello, cabe plantearse la siguiente interpretación provisional, sobre una cuestión que se ha repetido varias veces, la de la pluralidad.

Aunque Virno acuse al pueblo de ser una entidad homogénea, lo cierto es que el pueblo del leninismo no es completamente homogéneo, como ya se ha comentado. Los análisis marxistas diferencian las diversidades de su interior en función de la clase social, del grupo social, del sexo, del grupo étnico o religioso, etc. De este modo, no es sociológicamente homogéneo, pero lo que sí se homogeniza es su voluntad política en tanto que se orienta hacia la revolución. También es cierto que esa voluntad unitaria es propia del Estado. Al fin y al cabo, el pueblo dirigido por el partido de vanguardia aspira a tomar el poder, a instaurar un Estado socialista. Pero el pueblo no deja de ser una agrupación diversa y plural, solo que asumiendo un objetivo común. El partido no anula las diferencias populares. En la propuesta leninista incluso se remarcan y se convierten en seña organizativa. A largo plazo, se aspira a superar las diferencias nacionales y de clase, pero eso es un paso dialéctico lejano, la compleja fórmula leninista pasa a corto y medio plazo por todo lo contrario, por poner en primer plano las diferencias de clase y nacionales entre otras, reivindicándolas incluso. Frente a esto, otro interesante ejemplo es el de la disciplina ideológica del partido de nuevo tipo, donde se fomenta la libertad de expresión, así como la crítica y el debate sobre asuntos sin consensuar, pero una vez que se llega a un consenso, se espera que todos los militantes lo acaten en respeto al proceso de debate previo, aunque no estén de acuerdo, como medio para la unidad ideológica del partido. Por lo tanto, a diferencia de la multitud, el partido leninista tiene una voluntad unitaria y férrea, pero no podemos olvidar que esta se logra, al menos en la teoría, por el consenso interno (Lenin, 1902). Podemos ver en esto, como en otros casos, un reflejo de cómo en la mentalidad de Lenin es posible y deseable alcanzar síntesis, mientras que en Virno encontraríamos una ontología de la diferencia.

Este ejemplo es muy representativo de cómo la diversidad converge en una voluntad común, y es en este aspecto que el pueblo sí es una entidad homogénea de tendencia estatal. Para Virno la multitud actúa por concierto, pero realmente el partido también, solo que la multitud, incluso cuando se organiza, no delega nunca en representantes, y el partido es al fin y al cabo un gran representante del proletariado. La unidad leninista se construye conciliando intereses no siempre armónicos, mientras que la multitud parte de una unidad y se separa constantemente de ella, puede entenderse que atomizando sus líneas de acción y organización.

Es interesante hacer alusión a las críticas que Chantal Mouffe (autora postmarxista), realiza contra Virno, pues esta autora sostiene que la sociedad no tiene intereses convergentes, que son incluso contradictorios, pero que la unidad política es necesaria y se construye mediante una cadena de equivalencias. Se trata de articular políticamente diversos intereses creando una identidad común, un "nosotros". Desde este planteamiento critica que Virno considere que la Multitud tiene una unidad natural (el general intellect) y considera que su ataque contra la noción de pueblo pierde su sentido si se considera la construcción del pueblo como una cadena de equivalencias, una unidad construida que no borra las diferencias (Mouffe, 2009, pág. 7). Aunque desde un esquema ideológico diferente al de Mouffe, Lenin comparte esa intención de construir el "nosotros" del pueblo, conciliando los intereses de diversas clases sociales que no dejan de ser tal, pero actúan unitariamente.

Por tanto, el problema no es tanto el de la pluralidad, sino el de si esa pluralidad va a ser representada por una sola institución o no. Lenin es consciente de los males del Estado, algo que enfatiza en *El Estado y la revolución*, pero el Estado no deja de ser un mal necesario para derrotar a la burguesía. A este respecto surge una cuestión de fondo, y es que Virno no busca derrotar a la burguesía nacional ni a otros Estados burgueses, no al menos directamente, su propuesta no es la de la batalla abierta, sino la de la defección y, en consecuencia, la multitud puede permitirse prescindir de la fuerza que permite una voluntad unitaria.

En suma, pese a lo que pueden dar a entender algunos textos, lo característico de la multitud no es su pluralidad sociológica, pues el pueblo tal como lo entiende Lenin también es plural, sino más bien su irrepresentabilidad unitaria en el plano político, es decir, la pluralidad política dentro del propio éxodo de la multitud.

4. La estrategia: el éxodo frente a la revolución

Comprendidas las premisas de contexto y sujeto, es necesario pasar a presentar la confrontación entre el éxodo y la revolución, entendiendo estas estrategias en su sentido general como proyectos subversivos respecto al orden establecido. De este modo, se hará hincapié en describir estos proyectos en relación con el Estado, en tanto representante del poder político y económico.

4.1. La revolución contra el Estado en Lenin

La concepción de Lenin acerca del Estado se fundamenta de forma relevante en la obra de Engels *El origen de la familia, la propiedad privada y el Estado (1884)*, haciendo constantemente el esfuerzo de citarla, animar a su lectura, ser coherente con ella, y defender su interpretación de la misma frente a las lecturas de otros marxistas. A su vez, Lenin expresa principalmente su punto de vista acerca de la cuestión en la obra *El Estado y la revolución.*

El leninismo analiza el Estado desde la perspectiva del materialismo histórico, situándolo en su desarrollo, y desvelando que lejos de ser algo eterno y sagrado, es algo que surgió en determinado momento histórico y responde a unas determinadas condiciones socioeconómicas. Las sociedades más primitivas se autogestionaban ellas mismas, incluso los asuntos militares solían realizarse mediante el armamento espontáneo de toda la población. Sin embargo, con el surgimiento de las clases sociales, se vuelve imposible que toda la sociedad esté armada por igual, pues las contradicciones de clase llevarían a la guerra civil. De este modo, se volvió necesario que la clase en el poder asegurase su dominación sobre el resto de las clases con la creación del Estado. Se trata de una maquinaria separada de la sociedad, de hecho, cada vez más divorciada de ella, y cuya función principal era la de monopolizar el uso de la violencia, creando cuerpos especiales para la represión. Por lo tanto, el Estado es un producto de la sociedad de clases, y mientras la lucha de clases exista es prácticamente inevitable su existencia (Engels, 1884; Lenin, 1929).

> El Estado es una organización especial de la fuerza, es una organización de la violencia para la represión de una clase cualquiera (Lenin, 1917, pág. 67).

Esto ha sido algo que se ha mantenido bajo diferentes formas en los diferentes sistemas productivos que han sucedido en la historia. En el capitalismo, el Estado burgués tiene una función tanto violenta (política) como técnica (administrativa) y solo en la medida en que la primera se mantiene podemos hablar como tal de Estado. El Estado tiene una función técnica, pues a medida que la división del trabajo aumenta en la sociedad, también aumenta la necesidad de administrarla y organizarla (Harnecker, 1969, pág. 113). Pero, además, tiene una función política, pues en la medida que existen clases sociales antagónicas, se vuelve necesidad de la clase dominante mantener su poder sobre las clases oprimidas. En este sentido, el Estado supone un monopolio de la violencia, pues es el poder organizado de una clase para oprimir a otras. De este modo, el Estado es una manifestación de las contradicciones de clase, y mientras estas existan, existirá el Estado.

Ahora bien, el Estado es una manifestación superestructural de la infraestructura económica, la cual está en constante desarrollo y acumula una serie de contradicciones que acaban por superarse mediante la revolución:

> La revolución social culmina el proceso de evolución, de maduración paulatina en el seno de la vieja sociedad, de los elementos o premisas del nuevo régimen social; resuelve la contradicción entre las fuerzas productivas nuevas y las relaciones de producción viejas, caducas, destruye estas últimas y

> la superestructura política que las consolida, abre un vasto campo para el desarrollo continuo de las fuerzas productivas. Las viejas relaciones de producción se mantienen por sus portadores, por las clases dominantes, que protegen los órdenes anticuados con la fuerza del poder del Estado. Por eso, para desbrozar el camino del desarrollo social, las clases de vanguardia deben derribar el régimen estatal existente. El problema fundamental de toda revolución social es el problema del poder político (Frolov, 1980, pág. 377).

La revolución proletaria es un movimiento histórico, pero no por ello es algo espontáneo o al margen de la voluntad humana. No han faltado las interpretaciones del marxismo que han argumentado que la revolución es algo inevitable, fruto de procesos materiales involuntarios, y que, por lo tanto, basta con sentarse a esperarla. Tampoco han faltado históricamente las posturas que defendían una revolución espontánea de las masas, aunque normalmente desde ideologías libertarias (Harnecker, 1969, pág. 237-242). Frente a esto, recordemos que precisamente la teoría del partido de Lenin es un alegato por la conversión del proletariado en sujeto de su propio devenir histórico. Ahora bien, pese a ser la revolución un acto consciente, igualmente son necesarias una serie de condiciones históricas que lo hagan posible, tales como la contradicción entre fuerzas productivas y relaciones de producción, así como otras de carácter subjetivo, como la decadencia política y el descontento popular (Lenin, 1921). Como veremos en el siguiente apartado, Virno no especifica unas premisas para el éxodo más allá de situarlo en el marco general del postfordismo.

Una vez que estas condiciones se dan, y son aprovechadas por el proletariado, la revolución puede triunfar. Ahora bien, la revolución como tal es un acto práctico, mediante el cual se pretende vencer al poder político-militar que controla un territorio, y asegurar el control sobre el mismo. Dicho territorio es en primer lugar un país (en términos político-administrativos) pues, aunque la revolución pretende ser internacional, el proletariado en primera instancia debe elevarse a clase nacional, ya que cada país cuenta con su propio núcleo de poder estatal (Marx y

Engels, 1848, pág. 43). Para lograr esto debe vencerse la resistencia de la Burguesía, que cuenta con todo el poder del Estado de su parte. Por ello, Lenin afirma que la revolución debe ser considerada como algo que se organiza, planifica y ejecuta con disciplina e inteligencia, la insurrección debe ser tratada como un arte (Lenin, 1921). Y dentro de ese proceso, la violencia de la burguesía es algo previsible y ante lo que el proletariado debe responder, siendo por lo tanto la revolución un acto esencialmente violento (Lenin, 1917, pág. 63). Muy representativo es el siguiente texto de Engels al respecto, el cual Lenin tiene muy presente en *El Estado y la revolución*:

> ¿No han visto nunca una revolución estos señores? Una revolución es, indudablemente, la cosa más autoritaria que existe; es el acto por medio del cual una parte de la población impone su voluntad a la otra parte por medio de fusiles, bayonetas y cañones, medios autoritarios si los hay; y el partido victorioso, si no quiere haber luchado en vano, tiene que mantener este dominio por medio del terror que sus armas inspiran a los reaccionarios. ¿La Comuna de París habría durado acaso un solo día, de no haber empleado esta autoridad de pueblo armado frente a los burgueses? ¿No podemos, por el contrario, reprocharle el no haberse servido lo bastante de ella? (Engels, 1873).

Una vez que la revolución se inicia el proletariado no puede conquistar el Estado burgués y hacerlo suyo, eso supondría un mero cambio de manos de una maquinaria que por definición es reaccionaria. Por el contrario, los obreros deben destruir el viejo Estado burgués, pero no para abolir el Estado de la noche a la mañana como proponen los anarquistas, sino para construir desde cero un nuevo Estado obrero, que ya no será un Estado en sentido habitual, y cuya principal característica será la de consolidar la futura sociedad comunista, de tal modo, que en el futuro el Estado no pueda más que extinguirse. En síntesis, esta es la teoría de la extinción del Estado de Lenin (Lenin, 1917, pág. 286-287).

Lenin se diferencia con ella de los anarquistas, pero también de los socialistas reformistas, que pretendían llegar al poder democráticamente, implantando reformas desde el propio Estado burgués, sin destruirlo. Por el contrario, el rechazo de Lenin al uso del Estado burgués es radical, debe ser abolido completamente. Sin embargo, sigue siendo necesario algún tipo de Estado, por la sencilla razón de que las clases sociales no desaparecen inmediatamente tras la revolución y, por lo tanto, mientras el proceso revolucionario se consolida, hace falta una fase de transición en la que aún existe el Estado: la dictadura del proletariado. El ideal comunista es el de una sociedad sin Estado y en un futuro lejano puede realizarse, el Estado se extinguirá cuando las clases sociales desaparezcan, tarea que el Estado socialista debe llevar a cabo. En suma, la visión del Estado que Lenin tiene es puramente negativa, pero este es asumido como un mal necesario y provisional (Lenin, 1917). En el siguiente capitulo esta cuestión se matizará con mayor detalle.

4.2. La defección del Estado: Virno ante Lenin

Cuando hablamos de éxodo hablamos de una propuesta de acción política. De forma sintética podemos decir que el éxodo consiste en la construcción de, o, en otras palabras, escape hacía, nuevas relaciones sociales, sin necesidad de derrocar previamente al Estado[9]. Esta propuesta está a medio camino entre ser un medio y un fin. En este sentido, supone una ruptura con la tradición revolucionaria, desde el anarquismo al marxismo, pues ambas se basan en la destrucción del poder del Estado capitalista como premisa de la emancipación:

> Por éxodo se entiende una política radical que no quiere construir un nuevo Estado. En síntesis, es sólo esto y, por tanto, se sitúa lejos del modelo de las revoluciones que quieren tomar el poder, construir un nuevo Estado, un nuevo monopolio de la decisión política; al contrario, se trata —en todo caso— de defenderse del poder y no de tomarlo (Virno, 2001, pág. 123-124).

[9] En palabras de Negri y Hardt: "La democracia hoy adopta la forma de una sustracción, de una huida, de un éxodo lejos de la soberanía." (Negri y Hardt, 2004, pág. 388).

Ahora bien, antes de continuar con la cuestión es necesario señalar las limitaciones de la misma. Tanto Virno como Negri y Hardt recurren a menudo a metáforas basadas en el relato bíblico según el cual el pueblo judío abandona Egipto y el poder del faraón en busca de la tierra prometida. El éxodo no solo debe su nombre a este relato, sino que su recurso literario es también síntoma de su actual Estado embrionario, el cual a menudo le relega a un tratamiento abstracto. Como el propio Virno reconoce, el éxodo no tiene una conceptualización profunda y concreta, sino que aún es algo teórico y abierto.

> En este terreno hay que ser cautos. Todo lo que se puede hacer es indicar la forma lógica de algo que aún no tiene una sólida experiencia empírica. Propongo dos palabras clave: desobediencia civil y éxodo (Virno, 2001, pág. 70).

Esto no solo se explica por una tarea pendiente de desarrollo, sino también por una voluntad de no dar pautas prefabricadas, de dejar un margen de libertad a la inventiva de la multitud. Esta actitud también está presente en Negri y Hardt, que expresan en el prefacio de *Multitud* (2004). Ellos no pretenden dar un manual de instrucciones ni responderla la clásica pregunta leninista: ¿Qué hacer? Ahora bien, debemos matizar que, si bien Lenin si plantea programas concretos para la revolución (también por su condición de agente práctico, y no solo de teórico), tampoco concreta los desarrollos concretos de la sociedad comunista. Por lo que, en el largo plazo, comparte la actitud de Virno de dejar una casilla en blanco.

Volviendo al éxodo, debemos indicar la forma elemental de su actuación, la defección frente al Estado.

El *tertium datur* es un principio propuesto por Aristóteles según el cual, si hay una proposición que afirma algo y otra que niega ese algo, una de las dos debe ser verdadera, y las terceras opciones están excluidas. Esto ha sido llamado principio del tercero excluido, ya que obliga a elegir entre A y -A. Su traducción política en la cuestión revolucionaria ha sido cierto estadocentrismo por el cual, o nos sometemos al Estado, o luchamos contra él, pero, en cualquier caso, la acción siempre pasa (afirmativa o negativamente) por el Estado. Frente a este esquema, Paolo Virno propone salirse de este razonamiento paralogístico apostando por un inédito B, frente al viejo A o -A. En otras palabras, ni resistirse ni someterse, sino abandonar el juego de estar con o contra el Estado. Si no luchamos ni nos sometemos, lo que estamos haciendo es huir del propio radio de acción estatal (Virno, 2006, pág. 71)[10].

Es pertinente señalar que Virno identifica ciertas experiencias o antecedentes del éxodo como defección de la condición laboral impuesta. Un claro caso de esto es el descrito por Marx sobre los inicios del capitalismo en EEUU, donde los obreros abandonaban las fábricas para convertirse en propietarios libres, cultivando las despobladas tierras del norte. Con esto, convirtieron su clase social no en un destino cerrado ni en una herramienta de lucha, sino en algo pasajero. Pero, además, esta defección masiva de la fábrica provocó graves alteraciones en el capitalismo, el cual, privado de la demanda de empleo y de su habitual ejército industrial de reserva, se vio obligado a conceder amplias cuotas de comodidad a los trabajadores, que perdieron su rol de sumisión desesperada al trabajo (Virno, 1996, pág. 117-122).

El éxodo no debe ser entendido como una acción pasiva, que abandona el compromiso político en pos del miedo y la impotencia, y se ve condenada involuntariamente a un frustrante exilio. Todo lo contrario, el éxodo es un proyecto genuinamente político, voluntario y que busca suponer, paradójicamente, una verdadera subversión del poder del Estado.

> Nada es menos pasivo que la fuga. El exit modifica las condiciones en que tiene lugar el conflicto, más que presuponerlas como un horizonte fijo; modifica el conflicto en que se inscribe un problema, en lugar de afrontar este último eligiendo tal o cual alternativa preestablecida. En

[10] Esta huida no es tanto una huida espacial hacia otro lugar (como nos recuerdan Negri y Hardt, no existe un "afuera") sino una huida política hacia nuevas relaciones sociales (Gómez, 2014, pág. 313).

> pocas palabras, el exit consiste en una invención sin prejuicios que altera las reglas del juego y vuelve loca a la brújula del adversario (Virno, 1996, pág.102).

De este modo, el éxodo supone una defección de las relaciones de subordinación postfordistas, y esta defección se da de forma emprendedora, construyendo activamente nuevas relaciones emancipatorias. El éxodo "comporta, pues, un conjunto de acciones positivas. No es una omisión irritada. Sino una empresa." (Virno, 1996, pág. 103).

Los movimientos antisistémicos normalmente tienen dos fases diferenciadas, una de lucha, en la que se toma el poder, y otra posterior de transformación social, siendo la segunda posible solo después de tomar el poder. Ese esquema es compartido por Lenin, solo tras la revolución comienzan las nuevas relaciones sociales:

> La revolución socialista empieza sin que existan formas preparadas del nuevo modo de producción y por eso tiene un carácter creador (Judin y Rosental, 1963, pág. 405-406).

Pero en el éxodo en cambio, la transformación social es el primer paso. No es necesario tomar el poder ni, ni destruir el Estado, ni siquiera luchar contra el Estado directamente para empezar a crear nuevas formas de vida, aunque su construcción ya supone indirectamente un debilitamiento del Estado.

Por otro lado, Virno afirma que la obligación de obedecer es a la vez causa y efecto de la existencia del Estado, y en un sentido muy similar, Negri y Hardt definen la soberanía del Estado como bilateral (Negri y Hardt, 2004, pág. 379). Es decir, la soberanía puede ser desafiada precisamente por el hecho de que el poder no es autónomo, es dependiente de que sus subordinados sean tales, aquí reside el poder del éxodo[11].

---

[11] "Si el poder soberano fuese una sustancia autónoma, entonces la negativa, la inhibición o el éxodo de los subordinados sería una ventaja para el soberano: los ausentes dejan de dar problemas. Pero como el poder soberano dista de ser autónomo, y como

Ahora bien, abandonar las relaciones de subordinación es una deserción que pasa por la desobediencia civil como forma de acción política. No se trata de desobediencia a una ley en concreto por ser particularmente injusta, arbitraria o incoherente, pues una crítica particular legitimaría el marco general, sino una desobediencia general basada en la crítica al fundamento mismo de la obediencia al Estado. Esta desobediencia radical desliga a la multitud de la tradición liberal (Virno, 2001, pág. 70-71).

Como Lenin explica, el Estado tiene la función de conservar el orden establecido mediante la violencia. Por ello, si el éxodo es un acto de desobediencia que altera el orden establecido, el Estado reaccionará. La confrontación es inevitable, y esta no solo implicará previsiblemente la violencia del Estado, sino que puede exigir como contrapartida la violencia de la multitud. La cuestión es que no se puede fetichizar ni la violencia ni el pacifismo (Virno, 1996, pág. 123).

> Pero tal como nos enseña el relato bíblico, el faraón no permitirá que los judíos se vayan en paz. [...] Este ejemplo antiguo nos muestra que no hay norma dialéctica (del tipo que difunden las teorías pacifistas) según la cual el comportamiento de la multitud en el éxodo deba responder al ataque del poder soberano con su opuesto simétrico, respondiendo a la violencia represiva con la ausencia absoluta de violencia (Negri y Hardt, 2004, 388-389).

Pero ¿de qué tipo es esta resistencia? Virno, hace hincapié en que, a diferencia de la vieja consigna marxista, aquí la multitud no lucha debido a que no tenga nada que perder salvo sus cadenas, sino todo lo contrario, lucha precisamente por tener mucho que perder. Por esto, rescata el premoderno principio del *ius resistantiae* (derecho de resistencia) que no apela simplemente a la sublevación o legítima defensa, sino que tiene un sentido muy concreto. Se basa en proteger la continuidad

---

la soberanía es una relación, esos actos de insumisión representan una amenaza real. Sin la participación activa de los subordinados, la soberanía se desmorona" (Negri y Hardt, 2004, pág. 379).

de unas determinadas prerrogativas positivas, válidas por hecho o tradición. Es decir, la violencia no conquista nuevas formas de vida, sino que las conserva (Virno, 1996, pág. 124).

> ¿Quizás la no violencia pase a ser el nuevo culto a oficiar? No parece apropiado. He aquí un oxímoron imprevisto, el recurso a la fuerza debe ser entendido con relación a un orden positivo que defender y salvaguardar. El éxodo del trabajo asalariado no es un gesto cóncavo, y menos algebraico. Huyendo, se está obligado a construir distintas relaciones sociales y nuevas formas de vida: se precisa de mucho amor por el presente y mucha inventiva. Por tanto, el conflicto empezará por preservar esto «nuevo» que entretanto ha sido instituido. La violencia, de haberla, no se extiende a los «radiantes porvenires», sino a prolongar algo que ya existe, aunque sea informalmente (Virno, 1996, pág. 124).

Como hemos visto, para Lenin la violencia es un medio necesario si se desea alcanzar unas nuevas relaciones sociales; las conquista, se trata de una violencia creadora, como diría Marx, "la partera de la historia". Frente a esto, en Virno la violencia es algo que va detrás de las nuevas relaciones sociales, es decir, es una forma de autodefensa. Para alcanzar nuevas relaciones sociales solo se necesita la inventiva de la multitud. En palabras de Negri y Hardt, esta violencia "defensiva" o "democrática" supone una noción muy débil de violencia:

> La violencia democrática no inicia el proceso revolucionario, sino que comúnmente sobreviene al final, cuando ya se ha producido la transformación política y social, y con el fin de defender sus conquistas (Negri y Hardt, 2004, pág. 391).

Comprendido como actúa el éxodo respecto al Estado, debemos pasar al siguiente capítulo y completar estas ideas con la parte positiva del éxodo, su construcción de una democracia de la multitud.

4.3. Apreciaciones generales

En panorámica, hemos visto los esquemas estratégicos de ambos autores.

En el caso de Lenin:

1. Enfrentarse activamente (violentamente) al Estado burgués hasta destruirlo.
2. Construcción de una nueva sociedad.
3. A largo plazo el Estado y las clases se extinguirán con el comunismo completo.

En el caso de Virno:

1. Construcción de nuevas relaciones sociales (mientras las anteriores de carácter posfordista siguen existiendo).
2. Resistencia defensiva frente a la violencia reactiva del Estado posfordista.
3. No hay ningún tipo de desenlace previsto para el éxodo salvo el propio éxodo como fin en sí mismo. Es previsible un debilitamiento del Estado posfordista, pero no se plantea su desaparición. Del mismo modo, podemos entender que las clases se superan directamente con la deserción del trabajo asalariado dentro del propio éxodo, pero fuera del éxodo seguirá existiendo.

Ambos autores coinciden en centrarse en las tareas inmediatas, aunque Lenin lo hace con una previsión de futuro que, aunque esquemática, no deja de ser muy concreta y cabría decir que incluso ambiciosa: el comunismo pleno, es decir, la extinción del Estado y las clases sociales. Esta última etapa queda abierta en sus detalles, pero aun así se plantea. En Virno, por el contrario, se establecen unas tareas inmediatas, unas premisas, pero no se señala a dónde conducen. En este sentido, en Virno se presta atención a los medios, dándoles un valor por sí mismos.

Mientras que, en Lenin, lo importante son los fines, siendo los medios algo puramente instrumental cuyo valor depende de que conduzcan o no al comunismo.

5. El objetivo: el éxodo frente al socialismo-comunismo

En el presente apartado se presentará por un lado los rasgos principales del nuevo orden que la revolución de Lenin inaugura, prestando atención a sus instituciones y papel de la democracia obrera. Por otro lado, se presentarán las instituciones en las que el éxodo se sostiene, es decir, la democracia de la multitud.

5.1. Socialismo, fase inferior del comunismo

El objetivo de Lenin es el comunismo, pero esta sociedad no es un modelo cerrado que deba implantarse, sino por el contrario una fase de la maduración social, dinámica y viva. El comunismo se desarrolla a partir de la superación revolucionaria del capitalismo y la implantación de unas premisas mínimas, tales como la abolición de la propiedad privada de los medios de producción, y el surgimiento de un gran y único consorcio de obreros armados que administre la nueva sociedad, a modo de nuevo Estado, algo posible únicamente tras la previa destrucción de la maquinaria estatal capitalista. A partir de las fases inferiores de la sociedad comunista, que podemos llamar socialismo, se va madurando hacia las etapas superiores, que podemos denominar como comunismo o comunismo completo (Lenin, 1917).

El comunismo no puede implantarse, sino que es algo que surge a partir de un proceso histórico de maduración social iniciado por las condiciones sembradas por el socialismo (Lenin, 1917, pág. 166). En este sentido, Lenin señala que no hay que caer en debates sobre terminología, sobre qué es el comunismo, como si fuese un concepto cerrado. Por el contrario, es un proceso histórico que puede preverse, pero no concretarse:

> La gran significación de la explicación de Marx está en que también aquí aplica consecuentemente la dialéctica materialista, la teoría del desarrollo, considerando el comunismo como algo que se desarrolla del capitalismo. En vez de definiciones escolásticas y artificiales, "imaginadas", y disputas estériles sobre palabras (qué es el socialismo, qué es el comunismo), Marx traza un análisis de lo que podríamos llamar fases de madurez económica del comunismo [...] A través de qué etapas, por medio de qué medidas prácticas llegará la humanidad a este elevado objetivo, es cosa que ni sabemos ni podemos saber (Lenin, 1917, pág.166-167).

Si queremos hablar de socialismo, lo primero que tenemos que decir es que el tipo de instituciones concretas que encarnen el socialismo son algo secundario, pues depende de las circunstancias históricas. Lo relevante es que esas nuevas instituciones, del tipo que sean, supongan un nuevo aparato estatal controlado por los obreros (Lenin, 1917, pág. 190). La revolución supone un cambio drástico, pero en cambio, si esta logra las premisas para el socialismo-comunismo, a partir de ahí, la sociedad madurará progresivamente hacia las fases superiores de la sociedad comunista. Vemos esas premisas, las tareas inmediatas en la revolución:

> la expropiación de los capitalistas, la transformación de todos los ciudadanos en trabajadores y empleados de un gran "consorcio" único, a saber, de todo el Estado, y la subordinación completa de todo el trabajo de todo este consorcio a un Estado realmente democrático, al Estado de los soviets de diputados obreros y soldados (Lenin, 1917, pág. 165).

Como veremos más adelante, Virno hace alusión a los soviets, pero pese a la tentadora comparación, no vale la pena profundizar en la noción de soviet leninista, ya que esta no es fundamental en el pensamiento de Lenin. Es cierto que Lenin, habla de los soviets, pero estos eran una propuesta concreta para el contexto ruso. Como bien expresa reiteradas veces, lo importante es que los obreros participen de la administración, o, en otras palabras, que la administración sean los obreros mismos. En este sentido, el formato concreto para la participación, y el grado de democracia en ella, es algo sujeto a las circunstancias y necesidades de cada contexto.

Es muy representativo del pensamiento de Lenin su elección del término consorcio, para referirse a algo que normalmente trataríamos de administración pública, utiliza un término de carácter empresarial probablemente para reflejar, primero, que la nueva administración estatal proletaria tendrá un enfoque esencialmente económico (técnico-administrativo), y segundo, que aquellas herramientas que el capitalismo ya ha generado en el ámbito privado, como la monopolización y administración y unitaria de varias industrias, han sentado el precedente de lo que el socialismo necesita desde el ámbito colectivo.

Respecto a la expropiación, Lenin es claro, no puede haber socialismo sin la abolición de la propiedad privada de los medios de producción:

> Estas medidas atañen a la reorganización del Estado, a la reorganización puramente política de la sociedad, pero es evidente que sólo adquieren su pleno sentido e importancia en conexión con la "expropiación de los expropiadores" ya en realización o en preparación, es decir, con la transformación de la propiedad privada capitalista sobre los medios de producción en propiedad social (Lenin, 1917, pág. 94).

Debe tenerse presente que todo lo que Lenin plantea acerca del socialismo y el comunismo debe entenderse dentro de la lógica de su teoría de la extinción del Estado. Con ella presente, cabe presentar los principales aspectos de las instituciones de la nueva sociedad.

Como hemos visto, todo Estado tiene una función técnico-administrativa, y una función política (de dominación). La cuestión, es que cuando el proceso de extinción del Estado avanza lo suficiente el "Estado político" pasa a ser un "Estado administrativo". Sus funciones pasar a ser las del registro y control de la economía, realizadas no por una capa de burócratas, sino por los propios obreros (Lenin, 1917, pág. 171). Por poder político se entiende siempre el poder organizado de una clase para oprimir a otra. Por lo tanto, cuando hablamos de un Estado que ya no es político, sino administrativo, hablamos de un Estado que en primer lugar disuelve los cuerpos especiales para la represión (policía y ejército) en los propios obreros armados, y, en segundo lugar, que a medida que las contradicciones de clase desaparecen, pierde definitivamente sus funciones violentas, de represión y dominación, para centrarse en la mera gestión de la sociedad. A medida que ese proceso se profundiza, que Estado y sociedad se funden, el Estado se extingue. Solo cuando no hay clases esto es posible la extinción total, pues solo entonces podemos hablar del pueblo como algo que englobe a todos los miembros de la sociedad, y solo entonces, la administración de la sociedad puede ser cosa de todos sus miembros (Marx y Engels, 1848, pág. 46).

Como ya hemos indicado, en el socialismo la mayor parte de la población aprende a tomar en sus propias manos los asuntos del Estado, y según las clases van desapareciendo las instituciones se vuelven más participativas. Es un proceso progresivo "en el que toma parte, primero, la mayoría de la población, y luego, la población entera" (Lenin, 1917, pág. 169). Lenin nos dice que esto es especialmente viable gracias a que, la administración se ha simplificado y con la educación pertinente, puede ser accesible a todo el mundo. Aun así, en las primeras etapas del socialismo la administración no deja de estar formada por empleados a sueldo del Estado, organizados bajo una "disciplina fabril" (Lenin, 1917, pág. 171). Esto significa que en las etapas iniciales del socialismo será necesaria la existencia de funcionarios, pero Lenin afirma que la corrupción y el burocratismo de los aparatos estatales es algo fruto de las condiciones capitalistas. En el socialismo no puede hablarse de burócratas ni de funcionarios en el sentido habitual, pues como la Comuna de Paris demostró, bastaría con medidas como la equiparación de sus sueldos a los de los obreros, la posibilidad de destituirlos en cualquier momento, y su elección democrática (Lenin, 1917, pág. 191-192).

Además, toda esta administración, debe funcionar de forma conjunta y centralizada:

> Toda la sociedad será una sola oficina y una sola fábrica, con trabajo igual y salario igual" (Lenin, 2012, pág. 171).

Lenin defiende el centralismo apoyándose en Marx, pues la sociedad debe funcionar como un solo ente, pero la considera perfectamente compatible con la unión voluntaria de comunas para fines compartidos. A este centralismo voluntario lo llamaba "organizar la unidad de la nación" retomando las palabras de Marx (Lenin, 1917, pág. 106-107).

Junto a estos aspectos, debe tenerse también presente la pervivencia del derecho burgués, pues el socialismo no ha madurado lo suficiente, y en tanto que hay una pervivencia de las formas del capitalismo, también pervive por ejemplo el modo de distribución capitalista de los bienes de consumo. (Lenin, 1917, pág. 167) Para Lenin,

> Este período no puede dejar de reunir los rasgos o las propiedades de ambas formaciones (Lenin, 1919).

Podemos entender que las etapas más primerizas del socialismo consisten en una especie de capitalismo de Estado, como indica en su texto *Acerca de la significación del oro ahora y después de la victoria completa del socialismo* (1921), recordemos que incluso en la rusia soviética fue necesario implantar la NEP (Nueva Política Económica). Un ejemplo de esto es la vivienda, pues una vez en propiedad del pueblo deben ser repartidas, pero a cambio de un alquiler y bajo una regulación y control. En cambio, bajo el comunismo pleno, la vivienda podrá ser algo que se reparta gratuitamente, y cuyos procesos administrativos serán mucho más sencillos y cotidianos (Lenin, 1917, pág. 114).

De este modo, en el socialismo perviven sueldos, aparatos administrativos y leyes que deben cumplirse bajo coacción, pero no de la policía, sino de todo el pueblo. Tanto en la economía como en el Estado perviven elementos capitalistas que poco a poco se van superando. Sin embargo, en el futuro comunista la economía quedará completamente socializada, y la coacción dejará de ser necesaria. Incluso la existencia de leyes estrictas, pues en tanto no exista la burguesía como clase enemiga, solo será necesario gestionar aspectos de la vida fuera de toda significación política. El Estado desaparecerá y la ley quedará sustituida por la costumbre:

> la necesidad de observar las reglas nada complicadas y fundamentales de toda convivencia humana se convertirá pronto en costumbre (Lenin, 1917, pág. 172).

Veamos ahora qué entiende Lenin por democratización del Estado obrero ya descrito.

> La democracia significa el reconocimiento formal de la igualdad entre los ciudadanos, el derecho igual de todos a determinar el régimen de Estado y a gobernar el Estado (Lenin, 1917, pág. 169).

Habitualmente la democracia se caracteriza como el poder del pueblo, refiriéndose al conjunto de la sociedad, pero como ya hemos visto, para la concepción leninista la sociedad está dividida en clases y es imposible su representación política unitaria. De este modo, la democracia, incluso cuando reconoce formalmente la igualdad de derechos, está sujeta a las condiciones socioeconómicas, y por lo tanto, no deja de ser una forma de Estado, o en otras palabras, una herramienta de dominación de una clase hacia otra (Judin y Rosental, 1963, pág. 109-110).

La igualdad de la democracia es solo una igualdad formal, y en un contexto capitalista, puede suponer incluso una forma de dominación. En cambio, en el socialismo la democracia toma un cariz diferente. La democracia significa igualdad, pero en un sentido marxista el proletariado solo debe entender la igualdad en relación con la abolición de las clases sociales (Engels, 1878, pág. 169). Una vez que el proletariado logre la igualdad respecto de la posesión de los medios de producción, es decir, la igualdad de trabajo y salario será posible seguir avanzando desde la igualdad formal hacia una igualdad de hecho, la cual será una realidad cuando se materialice la regla "de cada uno, según sus capacidades; a cada uno, según sus necesidades" (Lenin, 1917, pág. 168).

En este proceso, Lenin hace alusión a la ley dialéctica de la cantidad que se transforma en calidad, es decir, un salto cualitativo fruto de la acumulación de contradicciones. La profundización en ciertas medidas democráticas, como la participación popular en la administración estatal, y la sustitución del ejército y política por obreros armados, rebasan el marco de la sociedad burguesa y dan un salto cualitativo hacia el socialismo. Pues al dar el poder a la mayoría de la población, al pueblo, se rompe la hegemonía de la burguesía como clase dominante, quedando a merced de la expropiación (Lenin, 1917, pág. 92).

El modo en que Lenin trata la democracia en el socialismo es considerablemente abstracto. Por ejemplo, cuando analiza la comuna de París extrae como valioso aprendizaje la elección por sufragio universal de representantes públicos revocables en cualquier momento, pero en otras ocasiones, trata la democracia como la participación de los obreros en los asuntos del Estado. En este caso, la democracia es que la mayor parte de la población sea ella misma quien organice la administración social, en este sentido, se pone más énfasis en la autogestión de los asuntos administrativos del pueblo por el propio pueblo, y no tanto en la toma de decisiones como tal.

El comunismo completo es una sociedad sin Estado, y dado que la democracia es una forma de Estado, la democracia se extinguirá con el comunismo también. Precisamente, el proceso de extinción progresiva del Estado está muy relacionado con la profundización de la democracia, pues las funciones del Estado pasan a fundirse con la sociedad misma. Cuando la población sin clases sea ella misma el régimen político, la democracia (entendida como poder del pueblo, igualdad, y determinación del régimen político) estará completa, a la vez que se vuelva innecesaria.

Ahora bien, junto a esta idea de democracia que Lenin sostiene, convive por igual la defensa de una dictadura del proletariado. Esto, lejos de ser una contradicción, significa sencillamente que tal como Lenin lo entiende, el Estado obrero es democracia para la mayor parte de la sociedad, y dictadura para la minoría de explotadores que han sido despojados del poder político por la revolución. En este sentido, la caracterización de la dictadura del proletariado parte de la idea de que cualquier forma de Estado es una forma de dominación de clase:

> Las formas de los Estados burgueses son extraordinariamente diversas, pero su esencia es la misma: todos esos Estados son, bajo una forma u otra, pero, en último resultado, necesariamente, una dictadura de la burguesía. La transición del capitalismo al comunismo no puede, naturalmente, por menos de proporcionar una gran abundancia y diversidad de formas políticas, pero la esencia de todas ellas será, necesariamente, una: la dictadura del proletariado (Lenin, 1917, pág. 82).

La dictadura del proletariado supone la fase de transición del socialismo al comunismo, en la cual es necesaria una voluntad disciplinada, firme y unitaria del proletariado contra la resistencia de la burguesía. El capitalismo no queda totalmente derrotado con la revolución, pues son muchos los restos capitalistas en las relaciones de producción, como son muchos los vínculos internacionales de la burguesía, y su hostilidad será total. La lucha de clases continúa tras la revolución, y por lo tanto la nueva clase dominante, el proletariado, debe asegurar su dominación. El poder político no siempre es una consecuencia directa del poder económico, existen ciertos momentos puntuales en que puede darse una relación inversa, y de este modo, el proletariado en el poder debe enfrentarse a una burguesía que aún ostenta la propiedad de la economía. Incluso cuando los medios de producción son socializados, siguen persistiendo viejas costumbres capitalistas en su funcionamiento, y especialmente en la pequeña producción, la que más tarda en ser totalmente socializada, se engendra capitalismo y burguesía. Y por descontado se ha de tener en cuenta la pervivencia del capitalismo en otros países que rápidamente emprenderán hostilidades (Harnecker, 1969, pág. 122-123,129-130).

Esto, lejos de ser una propuesta secundaria, es un elemento central de la teoría leninista, pues este entrelazado con la lógica que Lenin confiere a la lucha de clases, a la caracterización del Estado, y a las tareas revolucionarias encaminadas al comunismo:

> Marxista solo es el que hace extensivo el reconocimiento de la lucha de clases al reconocimiento de la dictadura del proletariado. [...] En esta piedra de toque es en la que hay que contrastar la comprensión y el recogimiento real del marxismo. (Lenin, 1917, pág. 80).

5.2. La república de la multitud

El éxodo da lugar a un nuevo Estado de cosas al que podemos llamar república o democracia de la multitud. Sin embargo, cabe comentar que el éxodo es en sí mismo el medio y el fin. Como ya hemos aclarado, no es una estrategia para alcanzar unas futuras relaciones sociales, sino que su propia práctica construye nuevas relaciones sociales. Podemos imaginar mayores grados, pero en cualquier caso la distinción medio-fin no es del todo correcta. Es este sentido, la distinción entre capítulos (estrategia/objetivo) que este trabajo hace es puramente artificial a fin de organizar las ideas.

Aclarado este aspecto, podemos pasar a tratar esas "nuevas relaciones sociales" de las que se ha hablado en el capítulo anterior. Es decir, instituciones propias de la multitud que permitan que el éxodo sea no solo resistencia, sino también una forma de poder constituyente (Negri y Hardt, 2004, pág. 395).

Mientras que para el pensamiento revolucionario tradicional la revolución era la "premisa inevitable para modificar las relaciones sociales, ahora este botín ulterior pasa a ser el paso preliminar" (Virno, 1996, pág. 123). Para aclarar el tipo de poder e instituciones propuestas por Virno, en primer lugar, conviene tener presente su idea de institución:

> Pongámonos de acuerdo con el uso de la palabra "institución". ¿Es un término que pertenece exclusivamente al vocabulario del adversario? Creo que no. Creo que el concepto de "institución" es decisivo, también (y, acaso, sobre todo) para la política de la multitud. Las instituciones son el modo en que nuestra especie se protege del peligro y se da reglas para potenciar la propia praxis. Institución es, por lo tanto, también un colectivo de piqueteros. Institución es la lengua materna. Instituciones son los ritos con los que tratamos de aliviar y resolver la crisis de una comunidad. El verdadero desafío es individualizar cuáles son las instituciones que se colocan más allá del "monopolio de la decisión política" encarnado en el Estado. O incluso: cuáles son las instituciones a la altura del "General Intellect" del que hablaba Marx, de aquel "cerebro social" que es, al mismo tiempo, la principal fuerza productiva y un principio de organización republicana -nuevas relaciones sociales (Virno, 2006, pág. 12).

¿Cómo se construyen las instituciones de la multitud? Para Virno, la piedra angular de la acción política es desarrollar el carácter público del intelecto fuera del ámbito laboral e incluso contra este. Se trata de lograr que el general intellect sea una esfera pública autónoma, lo cual exige liberarlo de las cadenas de la producción de mercancías y del trabajo asalariado. Al mismo tiempo, la subversión de las relaciones capitalistas debe dar lugar a una esfera pública no estatal, una comunidad política en torno al general intellect y no el Estado (Virno, 1996, pág. 99).

Negri y Hardt apuntan algo similar dentro de sus propios esquemas, afirmando que

> Una democracia de la multitud es imaginable y posible sólo porque todos compartimos y participamos en el común (Negri y Hardt, 2009, pág. 10).

Se trata de la República de la multitud, pero su nombre no debe confundirnos: "El Éxodo es la fundación de una República. Pero la idea misma de «república» exige despedirse de la organización estatal. República y, en este caso, ya no Estado" (Virno, 1996, pág. 100). La república supone una democracia no representativa y extraparlamentaria. En ella, la multitud, irreductible a una unidad política o jurídica, actúa como un grupo de minorías activas que no buscan ser mayoría ni hacerse con el poder.

> La multitud no concierta pactos, ni transfiere derechos al soberano, porque dispone ya de una «partitura» común; nunca converge hacia una voluntad general porque comparte ya un general intellect (Virno, 1996, pág. 105).

Las instituciones no representativas de la multitud son los Soviets, los cuales únicamente expresan las acciones en concierto de la multitud, pero no exigen obligaciones recíprocas (Virno, 1996, pág. 107). Veamos ahora el modo de funcionar no representativo:

> A la representación y la delegación, los soviets oponen un estilo operativo mucho más complejo, concentrado en el Ejemplo y en la reproducibilidad política. Es ejemplar la iniciativa práctica que, al mostrar en un caso particular la alianza posible entre general intellect y República, tiene la autoridad del prototipo y no la normatividad del orden. En torno a la distribución de la renta o de la organización escolar, del funcionamiento de la media o del agenciamiento urbano, los soviets elaboran acciones paradigmáticas, capaces de revelar una nueva combinación de saberes, de propensiones éticas, de técnicas, de deseos. El ejemplo no es la aplicación empírica de un concepto universal, sino la singularidad y el carácter realizado que habitualmente, al hablar de la «vida del espíritu», atribuimos a una idea. En fin, es una «especie» que está constituida por un solo individuo. Por esta razón, el Ejemplo puede ser reproducido políticamente, pero nunca integrado en un «programa general» omnívoro (Virno, 1996, pág. 108).

Aquí encontramos otro punto de distancia decisiva con Lenin. Para nuestro autor ruso los obreros deben crear instituciones representativas, cuyas decisiones será vinculantes para el resto de los ciudadanos. En el éxodo las relaciones sociales se basan en la voluntariedad, no hay decisiones institucionales vinculantes. Los soviets solo dan ejemplo, pero depende de cada uno seguirlo. En cambio, en Lenin se hacen referencias explícitas al cumplimiento obligatorio bajo coacción de los planes de Estado obrero. Esto se hace bajo la idea de que solo los elementos burgueses tendrán interés en ir contra lo que la administración socialista establezca.

En otra línea, las nuevas relaciones económicas vendrán de la mano del nuevo contexto político. En Lenin era el gobierno obrero lo que permitía expropiar a los explotadores, y en Virno es la esfera pública no estatal lo que da paso a nuevas formas económicas, las cuales no se concretan:

> Por otra parte, la subversión de las relaciones de producción capitalistas puede manifestarse sólo como la institución de una esfera pública no estatal, de una comunidad política que tiene como punto cardinal el general intellect (Virno 2001, pág. 70).

La alternativa al trabajo asalariado parece mantenerse hasta cierto punto abierta, no pasará por lo público ni por lo privado, sino que solo dependerá de la inventiva democrática de la multitud.

Al igual que en el apartado anterior, solo se han presentado rasgos abiertos y abstractos, pero también hay que entender que definir un proyecto cerrado supondría cortar la esencia emancipatoria de la multitud.

> Me doy cuenta de que todo intento de especificar las características de la esfera pública no estatal es pobre y torpe. Pero está bien que así sea. Una teoría política subversiva tiene que tener una casilla vacía que sólo la práctica está autorizada a completar. Toda teoría política digna de este nombre debe esperar lo imprevisto (Virno, 2003, pág. 34).

5.3 Apreciaciones generales

En Virno no hay un proyecto totalizante, que abarque a toda la sociedad, mientras que en Lenin sí. Básicamente en Virno no hay una idea de sociedad. Se propone un proyecto para aquellas personas que quieran formar parte de él, y la sociedad posfordista continúa funcionando fuera del éxodo; mientras que el socialismo hace suya la sociedad y erradica el capitalismo en su totalidad.

Muy unido a lo anterior, además de plantearse un proyecto para toda la sociedad, este es un proyecto unitario, que no permite desviaciones internas. En Lenin hay una "unidad de la nación" como una sola fábrica, mientras que en Virno se asume que el éxodo será plural por definición.

En perspectiva, cabe plantearse que al igual que en Negri, en Virno hay un abandono de la dialéctica entendida como síntesis, es decir, existe el antagonismo, pero este no se llega a superar. La síntesis dialéctica suponía la negación de la negación, un tercer momento en el cual se mantenían elementos tanto de la tesis como de la antítesis, pero siendo ambos superados. Por ejemplo, si la dictadura del proletariado negaba a la burguesía, la negación de la negación era la sociedad sin clases como síntesis final. Este esquema puede aplicarse a diversos aspectos del pensamiento de Lenin, mostrando que, aunque a través de las contradicciones, de la lucha, de la oposición, la reconciliación final como síntesis es posible. (Lenin, 1915) De este modo, aunque la sociedad está fragmentada en infinitud de grupos con intereses diferentes, es posible la voluntad común del pueblo (e incluso a la larga, en el comunismo pleno, de toda la población). Esta misma lógica se aplica a la historia, entendiéndose los procesos revolucionarios como superaciones de etapas históricas. En este sentido, con la revolución el capitalismo quedaba históricamente superado por completo en un gran proceso dialéctico.

En cambio, en Virno encontramos antagonismo, véase el éxodo frente al Estado posfordista, pero no se plantea una síntesis en la que el Estado posfordista sea superado completamente, éxodo y posfordismo convivirán negándose constantemente. Las contradicciones no se superan, el posfordismo nunca es dejado atrás del todo ni la sociedad totalizada, los muchos de la multitud no se disuelven en ninguna unidad social. En suma, la historia no tiene un sentido dialectico, el éxodo no inaugura ninguna etapa histórica, en términos históricos no se dirige a ningún sitio en concreto (destaca el contraste con el socialismo que por definición era una etapa de transición). En consecuencia, como para Virno la sociedad no se reconcilia, se mantiene dividida, diversa si se prefiere, esto queda reflejado en su visión de la democracia de la multitud, la cual supone una renuncia a intentar representar a toda la sociedad. La multitud es irrepresentable, no hay voluntad general, por ello políticamente solo debe haber una democracia y autonomía radicales, es decir, una articulación política de la diferencia. (Gómez, 2014, pág. 41-41).

Debemos entender la aceptación de Lenin de ciertas prácticas propias del Estado y el capitalismo, es decir, consideradas negativas, como una necesidad histórica. La emancipación social no es un acto moral de voluntad o deseo, sino una posibilidad histórica que necesita unas premisas. Para lograr esas premisas es necesario aceptar determinadas prácticas, que no pueden considerarse negativas en sí mismas, sino sujetas a la relatividad de los procesos históricos.

> autoridad y autonomía son conceptos relativos, que su radio de aplicación cambia con las distintas fases del desarrollo social, que es absurdo aceptar esos conceptos como algo absoluto (Lenin, 1917, pág. 117).

Esto lo vemos en diversas facetas del socialismo como en el uso de la violencia, de la construcción de un Estado, de la no abolición completa de la totalidad de la propiedad privada, etc. Otro claro aspecto es el rechazo de la autoridad en Virno, pues su proyecto tiene como enseña la libertad de la multitud, mientras que en Lenin la autoridad se considera algo necesario para alcanzar la sociedad comunista. Es necesario forzar ciertos procesos (abolición de las clases, extinción del Estado, desarrollo económico, etc.) mientras que en Virno simplemente se acepta que hay ciertos problemas que en el resto de la sociedad seguirán existiendo, pero al menos el éxodo partirá de una base ética. La base de esta cuestión nos lleva de nuevo a la dialéctica, Manuel Sacristán advierte cierta faceta de Marx, extensiva a Lenin, aún demasiado anclada al esquema dialéctico hegeliano de la filosofía de la historia. Esto implicaría que la historia avanza por su lado malo, es decir, los aspectos más negativos de una época actúan como el motor de su progreso (Sacristán, 1987). En cambio, dada la ausencia de un progreso histórico de carácter dialéctico en Virno, este tipo de relativizaciones pierden su sentido. El éxodo no es un medio hacia ningún radiante futuro, sino que su valor se mide por sí mismo.

6. Conclusiones

Para concluir el presente trabajo es preciso hacer una recapitulación general de las principales ideas presentadas.

En primer lugar, se ha planteado el contexto en el cual se desenvuelve el proyecto político de nuestros autores. Esto es especialmente relevante si se tiene en cuenta que ambos autores pertenecen a momentos históricos muy diferentes y, por lo tanto, sus diferentes propuestas responderían a diferentes escenarios. Quedando abierta la pregunta de si ambas teorías serian compatibles, cada una válida en su época correspondiente, lo importante para el trabajo es mostrar cómo los diferentes rasgos que caracterizan y diferencian a estos autores también tienen que ver con un punto de partida diferente, unas premisas de análisis distintas. Lenin concibe el capitalismo como esencialmente trabajo material, en un sentido muy similar a lo que planteaba Marx, pero ampliándolo con su teoría del imperialismo, contexto internacional en el cual se engloba la revolución. En cambio, Virno no desarrolla por sí mismo un análisis internacional complejo, y en su análisis del sistema económico va más allá de Marx, aunque utilizando sus ideas, y establece el trabajo inmaterial como principal fuerza productiva. A esto, le suma además el concepto de *general intellect*, es decir, la facultad de pensar con palabras como principal fuerza productiva.

En segundo lugar, todo proyecto debe ser realizado por unos agentes determinados, y en este sentido ha sido elemental señalar los diferentes sujetos políticos, fruto de sus respectivos contextos, que caracterizan el pensamiento de nuestros autores. Por un lado, hemos podido ver como Lenin, pese a la diversidad de grupos y clases sociales, establece la posibilidad de una unidad política en el concepto de pueblo. Bajo esta noción engloba todos aquellos grupos con potencial revolucionario, entre los cuales destacaría el proletariado como clase consecuentemente revolucionaria, y a su vez el partido obrero como potenciación de conciencia y organización. De este modo, a pesar de las diferencias, y de las contradicciones sociales, es posible alcanzar cierta síntesis, conciliar intereses en forma de voluntad política. Frente a esto, en Virno hay una ontología de la diferencia a partir de la cual el sujeto político es la multitud, la cual carece por completo de una voluntad unitaria. Está conectada gracias al *general intellect*, pero no puede de ningún modo englobarse como un solo sujeto político, sino que es completamente plural.

En tercer lugar, se ha expuesto que el proyecto de la revolución en Lenin es concebido como un proceso histórico, fruto de unas condiciones determinadas y organizado de forma consciente en torno al partido. Muy lejos de esto, el proyecto del éxodo es concebido de forma menos comprometida como un proyecto fruto de la voluntad o el deseo de la multitud. No hay un planteamiento del éxodo como tarea ni proceso histórico, ni unas premisas determinadas más allá del posfordismo en general. Además, mientras que la revolución es un salto cualitativo que a través de la violencia inaugura un nuevo orden de cosas que previamente no existía, el éxodo es un proyecto que no recurre a la violencia salvo para defenderse a sí mismo y cuyo primer paso es la construcción de unas nuevas relaciones sociales. A diferencia de Lenin, que propone un proyecto que supera por completo la sociedad capitalista y tiene por primera medida la destrucción del Estado burgués, el éxodo no es un proyecto para toda la sociedad, no es totalizante. De hecho, la sociedad y el Estado posfordistas continúan existiendo paralelamente al éxodo, y no hay ninguna previsión sobre su superación total.

En cuarto lugar, el éxodo genera una esfera pública no estatal, mientras que la revolución inaugura un nuevo Estado obrero. Las instituciones del éxodo dan lugar a la república de la multitud, que se organiza en el soviet, el cual no es representativo, y de ningún modo vinculante, solo puede predicar con el ejemplo emprendedor. Cada miembro de la multitud puede juntarse con otros y tomar la iniciativa esperando que otros los sigan o no, en ningún caso se plantea la coacción. Muy lejos de esto, la administración obrera de Lenin busca un proyecto único y centralizado, y como cualquier Estado, establece regulaciones que deben ser cumplidas bajo coacción. Además, estas instituciones están pensadas para extinguirse en el futuro y dar paso a una sociedad comunista sin Estados ni clases. Esto ni se plantea en el éxodo, que no tiene ninguna previsión a largo plazo, más allá de establecer la democracia de la multitud como un fin en sí mismo.

En suma, puede apreciarse como las distancias entre Virno y Lenin han estado en primera fila a lo largo del trabajo, quedando de manifiesto que pese a la influencia del marxismo que Virno pueda tener, está completamente separado del Leninismo. No obstante, tampoco puede olvidarse que pese a ser dos pensamientos diferentes, ambos parten del rechazo hacia el orden económico, el Estado y las clases sociales, y ambos están dispuestos a pasar por encima de las leyes para afrontar esos problemas. Igualmente, ambos sitúan el antagonismo como elemento de relevancia en sus teorías. Ahora bien, a cada una de estas cuestiones nuestros autores les dan tratamientos diferentes. De algún modo, Lenin y Virno comparten puntos de partida, podría decirse que incluso ciertos ideales, pero la forma de desarrollar esos puntos de partida y realizar esos ideales es completamente distinta.

De este modo, encontramos a dos autores muy diferentes, y precisamente, esta diferencia se revela como de gran interés, mostrando hasta qué punto las teorías radicales acerca de la emancipación social han evolucionado, y en qué medida se han distanciado de las teorías que en otro tiempo han llegado a ser hegemónicas dentro de los movimientos antisistémicos. Por ello, el presente trabajo ha cumplido el objetivo de aclarar el proyecto de Virno y de Lenin, poniendo en claro sus cercanías y distancias, y logrando con ello una aportación teórica que pueda ser útil para futuras investigaciones y estudios en torno al éxodo, la revolución, Lenin, Virno y su lugar histórico y teórico.

A partir de aquí son muchas las potenciales líneas de investigación que pueden iniciarse. Una de ellas podría ser continuar y profundizar la vinculación del éxodo de Virno con otras ramas de la tradición marxista como el comunismo de consejos de Anton Pannekoek, que plantea un marxismo de carácter libertario, asambleario y no-estatal. Igualmente, también podría realizarse una interesante comparativa dentro del propio postoperaismo, realizando una relación entre el pensamiento político de Virno y el de Negri y Hardt; en dos pensamientos tan cercanos matizar sus particularidades permitirá aportar a los estudios acerca del postoperaismo como corriente que ya están emergiendo en el contexto del Estado español. Podrían enumerarse muchas vías posibles, pero para terminar cabe destacar la posibilidad de llevar la temática del presente trabajo al plano histórico, rastreando experiencias prácticas del éxodo o de las luchas de la multitud que ofrezcan nuevos elementos con los que analizar la filosofía política en torno al éxodo.

En perspectiva, comparar a Virno con el leninismo ha permitido perfilar mejor el pensamiento de este autor contemporáneo, y es en el dónde puede resultar de interés poner el acento de futuras investigaciones académicas. Trabajando a Virno se contribuirá a estudiar una obra de plena actualidad aún poco abordada, la cual probablemente seguirá creciendo, al igual que las investigaciones sobre ella.

7. Bibliografía

De los Ríos, Ferdando (1921). *Mi viaje a la rusia sovietista*. España, Calpe, 1922.

Durán, J. M. (2009). *Sobre la lectura que en "Gramática de la multitud" Paolo Virno hace de la distinción entre trabajo productivo e improductivo en Marx*. Nómadas. Critical Journal of Social and Juridical Sciences, (1), 21.

Engels, F. (1873) *De la autoridad.* Marxists Internet Archive, 2000. Recuperado el 15/06/2020 de https://www.marxists.org/espanol/m-e/1870s/1873auto.htm

Engels, F. (1878). *Anti-Dühring. La revolución de la ciencia por el señor Eugen Dühring.* Madrid, Fundación Federico Engels, 2014.

Engels, F. (1884) *El origen de la familia, la propiedad privada y el Estado.* Madrid, Akal, 2019.

Fagioli, A. (2015) *Operaismo y postoperaismo: una mirada desde la perspectiva de la filosofía de la técnica*. Eikasia, (63), 113-124

Fagioli, A. (2016). *Antideterminismo y luchas. Hacia una concepción" postoperaísta" del desarrollo histórico*. Anacronismo e irrupción: Revista de teoría y filosofía política clásica y moderno, (11), 152-171.

Fagioli, A. (2021) *Más allá del pueblo y de la clase obrera industrial. La teoría política de la multitud de Paolo Virno*. Praxis filosófica. (53), 205-224.

Federici, S. (2018) *El patriarcado del salario.* Buenos Aires. Tinta Limón.

Frolov, I.T. (1980) *Diccionario de filosofía.* Moscú, Editorial Progreso, 1984.

Gentili, D. (2012). *Italian theory: dall'operaismo alla biopolitica*. Bolonia, Il Mulino.

Gómez Villar, A. (2014) *Paolo Virno lector de Marx: General Intellect, biopolítica y éxodo*. Isegoría. Revista de filosofía moral y política, (50), 305-318.

Harnecker, M. (1969). *Los conceptos elementales del materialismo histórico*. México, Siglo veintiuno, 1972.

Judin, P., y Rosental, M. (1963). *Diccionario filosófico*. Montevideo, Ediciones Pueblos Unidos, 1965.

Kolakowski, L. (1983). *Las principales corrientes del marxismo. Tomo II, La edad de oro*. Madrid, Alianza Editorial, 1985.

Labica, G. (2001); "Del imperialismo a la globalización", en *Lenin reactivado: Hacia una política de la verdad*. Madrid, Ediciones AKAL, 2010, p. 213.

Lenin, V.I. (1902) *¿Qué hacer?* Madrid, Akal, 2019

Lenin, V.I. (1909) *Materialismo y empirocriticismo*. Biblioteca de textos marxistas, 2015. Recuperado el 16/08/22 de https://www.marxists.org/espanol/lenin/obras/1908/mye/index.htm

Lenin, V.I. (1915) *En torno a la cuestión de la dialéctica*. Biblioteca de textos marxistas, 2000. Recuperado el 07/06/22 de https://www.marxists.org/espanol/lenin/obras/1910s/1915dial.htm

Lenin, V.I. (1916) *El imperialismo y la escisión del socialismo*. Biblioteca de textos marxistas, 2000. Recuperado el 23/05/22 de: https://www.marxists.org/espanol/lenin/obras/1910s/10-1916.htm

Lenin, V. I. (1916). *Imperialismo: la fase superior del capitalismo*. Barcelona, Taurus,2019.

Lenin, V.I. (1917) *El Estado y la revolución*. Madrid, Alianza editorial, 2012.

Lenin, V. I. (1919) *La economía y la política de la dictadura del proletariado*. Biblioteca de textos marxistas, 2000. Recuperado el 10/08/22 de https://www.marxists.org/espanol/lenin/obras/1910s/7xi1919.htm

Lenin, V.I. (1921) *Acerca de la significación del oro ahora y después de la victoria completa del socialismo.* Biblioteca de textos marxistas, 2012. Recuperado el 10/08/22 de https://www.marxists.org/espanol/lenin/obras/1921/noviembre/05.htm

Lenin, V. I. (1921) *El Marxismo y la insurrección.* Biblioteca de textos marxistas, 2000. Recuperado el 10/08/22 de https://www.marxists.org/espanol/lenin/obras/1910s/13-ix-17.htm

Lenin, V. I. (1929) *Sobre el Estado.* Biblioteca de textos marxistas, 2001. Recuperado el 10/09/22 de https://www.marxists.org/espanol/lenin/obras/1910s/11071919.htm

Mao, T. (1937) *Sobre la contradicción.* Pekin, Ediciones en lenguas extranjeras, 1968.

Marcuse, H. (1958). *Marxismo soviético.* Madrid, Alianza, 1971.

Marx, K. (1939) *Elementos fundamentales para la crítica de la economía política (Grundrisse) 1857-1858.* México, Siglo XXI, vol. 2, 1997.

Marx, K. (1867) *El Capital. Antología.* Madrid, Alianza editorial, 2015.

Marx, K., Engels, F. (1848). *El manifiesto comunista.* Madrid, Ed. Ayuso, 1977.

Molina Campano, E.M. (2007) *El pensamiento político de Antonio Negri ¿Renovación marxista o renegación ecléctica?* (Tesis doctoral) Universidad Pablo de Olavide.

Monet, M. R. (2000). *La teoría del imperialismo de Lenin (I): bases teóricas.* Filosofía, política y economía en el Laberinto, (3), 2-19.

Mouffe, C. (2008). *Crítica como intervención contrahegemónica.* Transversal–eipcp Multilingual Webjournal. Recuperado el 13/08/22 de http://marceloexposito.net/pdf/trad_mouffe_critica.pdf

Negri, A. y Hardt, M. (2000) *Imperio*, Barcelona, Paidós, 2002.

Negri, A. (2004) *La fábrica de la estrategia: 33 lecciones sobre Lenin. Madrid, Akal.*

Negri, A., y Hardt, M. (2004) *Multitud. Guerra y democracia en la era del Imperio.* Barcelona, Random House Mondador.

Negri, A., y Hardt, M. (2004); "Tras las huellas de Marx", en *Multitud. Guerra y democracia en la era del Imperio*. Barcelona, Random House Mondador, p. 171.

Negri, A. y Hardt, M. (2009) *Commonwealth. El proyecto de una revolución del común*. Madrid, Akal, 2011.

Pannekoek, A. (1938) *Lenin filósofo: Consideración crítica de los fundamentos filosóficos del leninismo*. Madrid, Ayuso, 1976.

Pavón, H. (2004) *Crear una nueva esfera pública, sin Estado. Entrevista a Paolo Virno*. Revista Ñ Diario Clarín, Buenos Aires.

Popper, K. (1945) *La sociedad abierta y sus enemigos*. Barcelona, Paidós, 2006.

Rush, A. (2003). *La teoría posmoderna del Imperio (Hardt & Negri) y sus críticos. Filosofía política contemporánea. Controversias sobre civilización, imperio y ciudadanía.* Consejo Latinoamericano de Ciencias Sociales 285-303.

Sacristán, M. (1983);" Lenin y la filosofía", en *Panfletos y Materiales,* Barcelona, Icaria, p.182.

Sacristán, M. (1987) *Pacifismo, ecología y política alternativa*. Madrid, Pensamiento crítico, 2009.

Sanjuán, C. R. (2019). *Historia y sistema en Marx: hacia una teoría crítica del capitalismo*. Madrid, Siglo XXI de España.

Soto Carrasco, D. (2009) *Salidas: Apuntes sobre el exilio y el éxodo en la era global.* Astrolabio. Revista internacional de filosofía, (9), 204-212.

Stalin, J. (1924). *Los fundamentos del Leninismo. Biblioteca de textos marxistas, 2002. Recuperado el 07/06/22 de* https://www.marxists.org/espanol/stalin/1920s/fundam/index.htm

Torrano, A. (2008). *Del individuo social al sujeto anfibio, una lectura marxiana de Paolo Virno*. In VII Jornadas de Investigación en Filosofía 10 al 12 de noviembre de 2008 La Plata, Argentina. Universidad Nacional de La Plata. Facultad de Humanidades y Ciencias de la Educación. Departamento de Filosofía.

Virno, P. (1995). *Palabras con palabras: poderes y límites del lenguaje.* Editorial Paidós, 2004.

Virno, P. (1996) *Virtuosismo y revolución, la acción política en la época del desencanto.* Madrid, Traficantes de Sueños, 2003.

Virno, P. (2001) *Gramática de la multitud. Para un análisis de las formas de vida contemporáneas.* Madrid, Traficantes de Sueños, 2016.

Virno, P. (2003) *Cuando el verbo se hace carne Lenguaje y naturaleza humana.* Madrid, Traficantes de Sueños, 2005.

Virno, P. (2006) *Ambivalencia de la multitud. Entre la innovación y la negatividad.* Buenos Aires, Tinta Limón Ediciones.

Villar, A. G. (2014). *Hacia una conceptualización filosófica del postfordismo y la precariedad: elementos de teoría y método (post) operaista* (Tesis doctoral) Universidad Pompeu Fabra.

Wallerstein, I. (2004) *Capitalismo histórico y movimientos antisistémicos.* Madrid, Ediciones AKAL,2012.

Zizek, S., Budgen, S., & Kouvelakis, S. et al. (2001). *Lenin reactivado: Hacia una política de la verdad.* Madrid, Ediciones AKAL, 2010.

Published
in December
2025

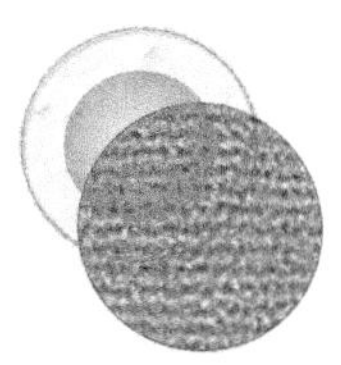

Faber & Sapiens